영어 문법 문장 구조의 이해 - 완성편

초판 1쇄 발행 2025년 11월 20일

지은이 백영승
펴낸이 장길수
펴낸곳 지식과감성#
출판등록 제2012-000081호

교정 주경민
디자인 윤혜성
편집 이현
검수 김지원
마케팅 김윤길

주소 서울시 금천구 벚꽃로298 대륭포스트타워6차 1212호
전화 070-4651-3730~4
팩스 070-4325-7006
이메일 ksbookup@naver.com
홈페이지 www.knsbookup.com

ISBN 979-11-392-2904-2(13740)
값 20,000원

- 이 책의 판권은 지은이에게 있습니다.
- 이 책 내용의 전부 또는 일부를 재사용하려면 반드시 지은이의 서면 동의를 받아야 합니다.
- 잘못된 책은 구입하신 곳에서 바꾸어 드립니다.

지식과감성#
홈페이지 바로가기

필수 단어 **1,500여** 개를 연상법으로 수록한
어휘집+문법 책 개념으로 구성!
문법은 중학생 영어 문법, 수능 영어 문법, 토익 문법이 따로 있는 것이 아닙니다.

영어 문법 문장 구조의 이해
백영승 지음

완성편

첫째, 분량이 적고
둘째, 그러면서도 빠진 것이 하나도 없고
셋째, 자습이 가능할 정도로 이해하기 쉽게 쓰인 책입니다.

머리말

어떤 사람들은 문법은 중요하지 않다,
그저 많이 듣고 읽게 하며 노출만 많이 시키면 된다고 생각합니다.
절대 그렇지 않습니다.
5층짜리 건물 10개 지어 본 적이 있다고 해서 50층짜리 건물을 지을 수 있는 것이 아닙니다.
5층짜리 건물과 50층짜리 건물은 기초와 뼈대부터가 차원이 다릅니다.
어렸을 때부터 문장 구조도 이해시켜 가며 체계적으로 잘 가르쳐야 합니다.
그렇지 않으면 대사를 그르치게 됩니다.
문법 실력은 순수한 문법 문제 몇 개 풀어 맞히는 것 이상을 의미합니다.
문법은 문장 구조에 대한 이해이기 때문에 문법 실력이 없으면 잘못된 영어를 구사하게 될 뿐만 아니라 시험 영어에서 절대적으로 중요한 독해의 정확성과 속도가 많이 떨어질 수밖에 없습니다.
그래서 영어 실력은 문장 구조에 대한 이해 플러스 풍부한 어휘력이라고 정의 내릴 수 있습니다.
그런데 관계 대명사 하나를 설명하는 데도 선생님들마다, 책마다 설명하는 방식이 다 다릅니다.
많은 경우 "이렇게 가르치면 학생들이 얼마나 힘들어할까?" 하는 안타까운 마음이 들었습니다.
저는 30년 이상 일선 학원에서 영어를 가르치며 어떻게 하면 한국어를 모국어로 사용하는 학생들에게 **영어 문장의 구조를 간단하고 명료하게 설명할 수 있을지를** 연구하였으며 그동안 가르치는 데 사용했던 자료들을 잘 다듬고 순서를 잡아 매우 만족한 마음으로 이 책을 출간하게 되었습니다.
수능 1등급, 토익 만점까지 더 이상의 문법은 없으며 다른 책을 더 볼 필요는 없고 이 책만 반복하여 완전 숙지하면 됩니다. 문법은 중학생 문법, 수능 문법, 토익 문법, 공무원 시험 문법이 따로 있는 것이 아니기 때문입니다.

저자 백영승

이 책의 특징

1. 문법은 중학생 문법, 고등학생 문법, 대학생 문법이 따로 있는 것이 아니고 또 문장 구조에 대한 이해는 먼저 일찍 마스터하고 그 후에 어휘력과 독해력을 쌓는 것이므로 이 문법책 완성편은 중학생 상위권 학생부터 공부하는 책입니다.

2. 제가 쓴 영어 문법 기초편에서는 기본 품사와 be 동사와 일반 동사의 활용에 대해 설명했습니다. 이 책 영어 문법 완성편은 기초편의 내용 이후 수능 1등급, 토익 만점까지 가는 데 필요한 모든 문법 사항을 빠짐없이 다루고 있습니다.
더 이상의 문법은 없습니다.

3. 앞부분에 필수 단어 1,500여 개를 연상법으로 수록하였고 후반부에서 문법 설명을 할 때는 앞부분에 있는 단어들을 사용하여 편리하게 편집하였습니다. 그리고 문법을 설명할 때는 어려운 단어를 쓸 필요가 없습니다.

4. 뒷 부분에 문법을 설명할 때 사용했던 핵심 문장들을 모아 통문장으로 복습하도록 편집하였으며 원어민 선생님의 음성으로 들을 수 있도록 하였습니다.
철판에 홈을 파는 방법은 같은 자리를 계속 긁는 것입니다.
단어편과 통문장편의 녹음을 다운받아 원어민 선생님의 낭독이 끝난 다음 바로 이어 따라 읽으십시오.
정확한 발음을 익히게 될 뿐만 아니라 통문장이 암기되어 스피킹에도 절대적으로 도움이 될 것입니다.
이 책에는 모든 면에서 간결하면서도 최대의 효과를 얻는 타의 추종을 불허하는 학습 마인드가 배어 있습니다.

영어 공부하는 법

영어 실력은 문장 구조에 대한 이해 + 풍부한 어휘라고 정의 내릴 수 있습니다.
이 책을 공부하면 문장 구조에 대한 이해를 정확하고 빠르게 끝낼 수 있습니다.
문장 구조에 대한 이해 즉 문법은 영어 공부 초기에 온전히 끝내야 합니다.
그리고 그다음에는 많은 어휘를 암기하고 많은 문장들을 읽으며 독해력을 키워야 합니다.
듣기는 여러 방법이 다 가능하나 저는 동화 듣기를 추천합니다.
지루하지 않게 들을 수 있기 때문입니다.
스피킹은 통문장 암기를 추천하며 그래서 이 책 끝부분에는 핵심적인 문장들이 정리되어 있습니다.
그리고 이제부터 설명하는 영어 공부하는 법을 잘 읽어 보시고 숙지하시기 바랍니다.

영어는 암기 과목입니다.
영어는 공부하는 방법에 따라 효과가 5배 이상 차이가 나는 과목입니다.
수학은 어려운 것 같아도 공부 과정이 협곡을 따라가는 것 같아 길을 잃고 헤맬 일은 없습니다.
아무 책이든 몇 번 반복하면 되는 것입니다.
이 책에 있는 문제나 저 책에 있는 문제나 개념이나 원리가 같은 다 비슷한 문제들이기 때문에 이 책에 있는 문제들을 풀면 저 책에 있는 문제들도 풀 수 있습니다.

그러나 영어는 공부하는 과정이 넓은 광야를 여행하는 것과 같은 과목입니다.
방법이 잘못되면 길을 잃고 헤매다 지치는 것과 같은 일이 영어 공부 과정에서 나타날 수 있습니다.

암기를 하기 위해서는 적절한 시간 간격을 두고 암기해야 할 내용을 반복해야 합니다.
그런데 우리가 자신이 공부한 많은 영어 교재들을 적절히 반복하기는 거의 불가능합니다.
책의 가짓수가 많아 모든 책들을 반복하기가 현실적으로 어려울 뿐만 아니라 또 그곳에는 반복할 필요도 없는 많은 내용이 섞여 있기 때문입니다.
그러므로 영어책을 공부하면서 형광펜으로 긋고 여백에 어휘를 적고 하는 일은 추천할 만한 방법이 아닙니다.
대부분의 학생들이 영어를 그런 방식으로 공부하기 때문에 어려움을 겪는 것입니다.

대부분의 학생들이 그런 방법으로 공부하기 때문에 공부하고 잊어버리고 공부하고 잊어버리고를 반복합니다.

이제 제가 영어를 공부하는 효과가 검증된 좋은 방법 한 가지를 알려 드리겠습니다.
영어 교재와 함께 두꺼운 대학 노트 한 권과 2색 볼펜을 준비하십시오.
그리고 다음 단계를 따르십시오.

1단계: 먼저 시험 볼 때처럼 시간을 정해 놓고 문제를 풀어 보십시오. 시험 볼 때처럼 시간 안에 문제를 푸는 연습을 많이 해야 합니다.

2단계: 답지를 보면서 꼼꼼히 채점을 해 가며 관련된 어휘와 표현, 문법들을 분석해 보십시오.

3단계: 그리고 지금 공부한 내용 중 문법이 되었든 어휘가 되었든 어떤 표현이 되었든 암기할 필요가 있는 내용을 선택하여 복습하기 좋은 방법으로 노트에 2색 볼펜을 사용하여 예쁘게 정리해 가십시오.
2색 볼펜을 쓰는 이유는 나중에 복습할 때 빨리빨리 눈에 들어오게 하기 위함입니다.
그리고 이때 매번 반드시 번호를 붙여 가며 정리해 가십시오. 그래야 나중에 관리하기가 용이합니다. 이때 번호와 번호 사이에는 반드시 두 줄을 띄우십시오.
그 이유는 나중에 복습할 때 시야를 시원하게 하여 복잡해 보이거나 답답하게 느껴지지 않게 하기 위함입니다. 줄을 띄우지 않고 다닥다닥 적어 놓으면 나중에 보기에 싫증이 날 수 있습니다. 꼭 제 말씀대로 하십시오. 한 줄도 아니고 세 줄도 아니고 꼭 두 줄을 띄우고 다음 번호를 붙이십시오. 혹시 학교에서 시험 보는 교재를 공부한다면 그 내용의 번호에는 동그라미 표시를 하십시오.

4단계: 그리고 이 노트를 복습하는 것입니다. 학교 시험이 임박해지면 동그라미 친 것만 여러 번 복습하면 될 것입니다.

이렇게 공부를 하면 여러 교재를 공부해 가면서 노트의 번호도 비례하여 누적으로 올라갈 것입니다.
공부한 책들은 버려도 좋습니다. 노트만 복습해 가면 되기 때문입니다.
추가하고 복습하고 추가하고 복습해 가는 효율적인 시스템이 형성될 것이며 무엇을 복습할 것인지가 명료해져서 머리가 개운해지는 것을 느낄 것입니다.
그리고 잘 쓰든, 못 쓰든 내 손으로 필기한 공책이라 인쇄된 어떤 책을 보는 것보다 훨씬 더 친근하게 느껴지고 복습 속도가 더 빠르다는 것을 알게 될 것입니다.
많은 교재들을 공부해 가면서 복습할 책은 내가 지어 나간다는 매우 훌륭한 개념이 형성되는 것입니다.
1차 공부할 책과 2차 복습할 책이 있는데 2차 복습할 책은 내가 짓는다는 의미입니다.
적는 시간도 낭비하는 것이 아닙니다. 어차피 영어는 암기 과목이므로 한 번쯤 깨끗하게 적어 보는 것은 암기에도 도움이 되기 때문입니다.
번호가 높아지면서 노트는 책이 되어 가는 것입니다.
제 경험으로 약 2,000번 정도 번호가 올라가면 수능으로는 1, 2등급 정도가 움직입니다.
토익으로는 100점 정도 올라갑니다.

꼭 이렇게 공부해 보십시오.
이 책《영어 문법 문장 구조의 이해》시리즈와 제가 저술한《연상법 어휘집》시리즈들과 지금 알려드린 노트 정리법을 잘 활용하시면 여러분은 광야를 걷는 것과 같은 영어 공부 과정에서 결코 길을 잃지 않고 직선 코스로 달리게 될 것입니다.
여러분이 제 책들을 사용하고 제가 알려드린 방법대로만 노트 정리하면서 공부한다면 여러분은 엄청난 시간과 노력을 절약하게 될 것이며 여러분이 한 시간 공부할 때 다른 사람은 5시간을 공부해도 여러분을 따라오기 힘들 만큼 빠른 속도로 앞서 나가게 될 것이라고 자신 있게 말씀드릴 수 있습니다.

저자 백영승

목차

1부 단어편   11

2부 문장 구조편   65

제11장 조동사 Ⅰ   66
제12장 의문사   76
제13장 정관사 The   96
제14장 숫자, 수량 세기   100
제15장 비인칭 주어 It   104
제16장 수동태 Ⅰ   107
제17장 감탄문   110
제18장 동명사 Ⅰ   112
제19장 접속사   122
제20장 비교급   128
제21장 재귀 대명사, 부정 대명사   131
제22장 다양한 동사 활용   136
제23장 관계 대명사 Ⅰ   144
제24장 현재 완료   148
제25장 시제   157
제26장 to 부정사 Ⅱ   162
제27장 조동사 Ⅱ   176
제28장 가정법   182
제29장 관계 대명사 Ⅱ   188
제30장 분사 구문   194
제31장 동명사 Ⅱ   201
제32장 수동태 Ⅱ   204

3부 통문장 복습편   209

통문장으로 복습하는 과정   210
핵심 문장들 정리   237

1부
단어편

제11장 조동사 I

518. medicine [médəsən] 약 ★ 매 대신 약 먹어라(약 먹을래? 매 맞을래?)
519. die [dai] 죽다 ★ 다 죽었다
520. dead [ded] 죽은 ★ 대자로 드러누워 죽었다
521. death [deθ] 죽음 ★ 대자로 쓰러져 죽었다
522. experience [ikspíəriəns] 경험, 경험하다 ★ 익수는 피어리고 쓰라린 경험을 했다
523. favor [féivər] 호의, 친절
　　　do 사람 a favor: 누구에게 호의를 베풀다
524 handkerchief [hǽŋkərtʃif] 손수건 ★ 행거에서 집어 손수건을
525. hang [hæŋ] 걸다
526. hanger [hæŋə(r)] 걸이
527. wide [waid] 넓은 ★ 와! 이 드넓은 땅
528. power [páuər] 힘
529. bucket [bʌkit] 양동이
530. pass [pæs] 통과하다
　　　pass-past-past
531. pass the exam 시험에 합격하다
532. go out 외출하다
533. climb [klaim] 오르다 ★ 클라(큰일나) 임마 올라가면(위험해)
534. rumor [rúːmər] 소문 ★ 누가 뭐라고 하는 소문
535. wise [waiz] 현명한 ★ 와! 지가(자기가) 현명하대
536. wisdom [위즈덤] 지혜 ★ wise의 명사형
537. deep [diːp] 깊은, 깊게 ★ 디프는 깊은이다
538. noise [nɔiz] 소음 ★ 노이로제 걸리겠다 소음 때문에
539. make a noise 소음을 일으키다
540. repeat [ripíːt] 반복하다
541. stupid [stjúːpid] 어리석은
542. area [ɛ́əriə] 공간, 지역
543. right [rait] ① 올바른 ② 오른쪽 (비교) left [left] 왼쪽
544. guess [ges] 추측하다 ★ 개스(가스)일 것이라고 추측하다
545. member [mémbər] 구성원
546. map [mæp] 지도
547. mouse [maus] 쥐 ★ 미키 마우스는 쥐다
548. mice [mais] 쥐들

549. move [muːv] 이사하다, 움직이다
550. movement [múːvmənt] 이사
551. cross [krɔːs] 건너다 ★ 걸어서 건너다
552. across [əkrɔːs] 맞은편에
553. free [friː] 자유로운, 시간이 나는
554. freedom [fríːdəm] 자유
555. main [mein] 주요한
556. record [rékərd] 기록(하다)
557. peel [piːl] 껍질을 벗기다 ★ 피를 낸다 껍질을 벗겨서
558. as [æz] ~로서
559. such [sʌtʃ] 그런
560. such a difficult problem 그렇게 어려운 문제
561. win [win] 이기다
562. take A to B: A를 B로 데리고 가다
563. stay [stei] 머무르다 ★ 서 있데이(경상도말) 머물러서
564. unkind [ʌnkáind] 불친절한
565. magazine [mæ̀gəzíː] 잡지 ★ 마구 쥔 잡지
566. subway [sʌ́bwèi] 지하철 ★ 서부로 가는 지하철
567. usually [júːʒuəli] 보통, 대개
568. sometimes [sʌ́mtàimz] 때때로
569. often [ɔ(ː)ftən] 종종 ★ 오픈한다 종종
570. always [ɔ́ːlweiz] 항상
571. use [juːs, z] 사용(하다)
572. cross [krɔːs/krɔs] ① 십자가 ② 가로지르다, 교차하다
573. direct [dirékt] ① 지시하다 ② 직접적인
574. directly [diréktli, dai-] 직접적으로
575. college [kálidʒ/kɔl-] 대학
576. living room 거실

제12장 의문사

577. praise [preiz] 칭찬하다 ★ raise 올려준다 칭찬하며
578. plate [pleit] 접시 ★ 플레이했다 접시가지고
579. mixture [míkstʃər] 혼합
580. pull [pul] 당기다 ★ 풀을 잡아당겼다
581. push [puʃ] 밀다
582. arm [ɑ:rm] 팔 ★ 암이 생겼다 팔에
583. bark [bɑ:rk] 짖다 ★ 박박 짖다
584. sit [sit] 앉다
585. seat [si:t] ① 자리 ② 앉히다
586. thanks to ~덕분에
587. rest [rest] ① 휴식 ② ~의 나머지
588. take a rest 휴식을 취하다
589. bury [béri] 묻다 ★ 뵈리? 묻었는데
590. color [kʌ́lər] 색
591. good [gud] 좋은
592. better [bétər] 더 좋은
593. best [best] 가장 좋은
594. engineer [èndʒəníər] 기술자
595. nice [nais] 멋진 ★ 나이스 슛은 멋진 슛
596. carry [kǽri] 운반하다, 가지고 다니다 ★ 너는 캐리 나는 운반하고
597. too [tu:] ① ~도 역시 ② 너무, 지나치게
598. tomorrow [tumɔ́:rou] 내일 ★ 너무(too) 멀어 내일은
599. go fishing 낚시가다
600. interesting [íntəristiŋ] 흥미로운
601. interested [íntəristid] 흥미를 느끼는
602. be interested in ~ ~에 관심을 느끼다
603. boring [bɔ́:riŋ] 지루하게 만드는 ★ 볼링이 지루하게 만든다
604. bored [bɔ́:rd] 지루해하는
　　　He is boring. 그는 같이 있으면 지루한 사람이다 (남을 지루하게 하는 사람)
　　　He is bored. 그가 지루해하고 있다
605. egg [eg] 달걀 ★ 에이그 달걀 깨졌네.
606. wake up 깨우다, 잠이 깨다
607. custom [kʌ́stəm] 관습, 풍습 ★ 커서 탐은 관습을 지킨다

608. get up 일어나다

609. dawn [dɔːn] 새벽 ★돈 벌러 간다 새벽에

610. someday [sʌ́mdèi] 미래의 언젠가

611. because of ~ 때문에

612. once [wʌns] 한 번

613. twice [twais] 두 번 ★두 번 왔어

614. three times 세 번

615. once a week 일주일에 한 번

616. museum [mjuːzíːəm] 박물관 ★무지 옴 사람들이 박물관에

617. or 또는

618. A or B: A 또는 B

619. hall [hɔːl] 넓은 방

620. chicken [tʃíkin] 닭

621. simple [símpəl] 단순한 ★심심풀이로 할 단순한 일

622. price [prais] 가격 ★rice 쌀 가격

623. strong [strɔ(ː)ŋ] 강한

624. strength [streŋ́kθ] 강함, 힘

625. weak [wiːk] 약한

626. jump [dʒʌmp] 뛰다

627. ground [graund] 운동장

628. youth [juːθ] 젊은이 ★you 쓸 만한 젊은이야

629. brown [braʊn] 갈색의

630. restroom [restruːm] 휴게실

631. take a rest 휴식을 취하다

632. take a walk 산책하다

제13장 정관사 The

633. guide [gaid] 안내하다
634. earth [ə:rθ] 지구
635. earthquake [ə́:rθkwèik] 지진 ★ earth(지구)가 꽥꽥거린다 지진 때문에
636. world [wə:rld] 세계
637. universe [jú:nəvə̀:rs] 우주 ★ you는 벌써 우주로 갔니?
638. east [i:st] 동쪽
639. west [west] 서쪽
640. south [sauθ] 남쪽
641. north [nɔ:rθ] 북쪽 ★ 놀쓰 페이스는 북쪽에서 입는 옷
642. South Korea 남한
643. North Korea 북한
644. rise [raiz] 일어나다, 오르다
645. raise [reiz] ① 올리다 ② 양육하다
646. coach [koutʃ] 코치
647. subject [sʌ́bdʒikt] 과목 ★ 써보고 적는다 과목 공부할 때
648. restaurant [réstərənt] 식당
649. get to 어디에 도착하다
650. arrive at 어디에 도착하다
651. reach [ri:tʃ] 어디에 도착하다 ★ rich(부자)가 도착했다
652. stove [stouv] 난로
653. side [said] 옆, 측면
654. number [nʌ́mbər] 숫자
655. stamp [stæmp] 우표 ★ 스탬프 찍는다 우표 위에
656. gold [gould] 금
657. golden [góuldən] 금으로 된
658. silver [sílvər] 은 ★ 실버타운은 머리가 은색이 된 노인들을 위한 집
659. line [lain] 선
660. engine [éndʒin] 엔진
661. smoke [smouk] 연기, 담배를 피우다
662. single [síŋgəl] 혼자인
663. double [dʌ́bəl] 두 배의, 두 배로 ★ 더 불러 두 배로
664. count [kaunt] 세다
665. clear [kliər] 맑은, 명백한

666. cover[kʌ́vər] 덮다, 덮개
667. gain [gein] 얻다 ★ 개인적으로 얻다
668. athlete [ǽθliːt] 운동선수 ★ 애쓰랬다 운동선수에게
669. midnight [mídnàit] 자정 ★ mid(중간) night는 밤 열두 시다
670. language [lǽŋgwidʒ] 언어
671. kid [kid] ① 염소 새끼 ② 아이 ★ 키득거린다 새끼들 아이들이
672. apartment [əpáːrtmənt] 아파트
673. market [máːrkit] 시장
674. July [dʒuːlái] 7월 ★ 6월에 준(June)다고 했는데 7월에 줄라요?(July)
675. August [ɔ́ːgəst] 8월
676. September [septémbər] 9월
677. October [ɑktóubər] 10월
678. November [nouvémbər] 11월
679. December [disémbər] 12월

제14장 숫자, 수량 세기

680. pride [praid] 자부심, 긍지 ★ 프라이드(자동차) 타며 자부심을 느낀다
681. proud [praud] 자부심을 느끼는
682. be proud of ~: ~에 대해 자부심을 느끼다
683. take pride in ~: ~에 대해 자부심을 느끼다
684. pride oneself in ~: ~에 대해 자부심을 느끼다
685. go on ~: ~를 계속하다
686. grown-up 성인, 성숙한
687. gesture [dʒéstʃər] 몸동작
688. medal [dʒéstʃər] 메달
689. metal [metl] 금속 ★ 메달을 금속으로 만든다
690. loud [laud] 큰 목소리의, 시끄러운
691. loudly [láudli] 시끄럽게 ★ 아우들이 시끄럽게 군다
692. find [faind] 발견하다 (find-found-found)
693. fever [fíːvər] 열, 열병 ★ 피부에 열이 난다
694. shut [ʃʌt] 닫다 ★ 셔터를 닫다
　　　shut-shut-shut
695. sheet [ʃiːt] 종이나 얇은 천 한 장
696. piece [piːs] 한 조각
697. loaf [louf] 덩어리 ★ 로우프(rope)로 묶어라 덩어리를
698. bridge [bridʒ] 다리 ★ 부러졌지 다리가
699. palace [pǽlis] 궁전 ★ 팔렸어 궁전이
700. candle [kǽndl] 양초 ★ 캔들 위에 양초를 세워 놓는다
701. draw [drɔː] 그리다 ★ 도로 위에 그리다
702. grade [greid] 등급, 학년 ★ 그래도 학년은 올라간다
703. picture [píktʃər] 그림, 사진
704. take a picture 사진을 찍다
705. ten [ten] 열
706. twenty [twénti] 스물
707. thirty [θə́ːrti] 삼십
708. forty [fɔ́ːrti] 사십
709. fifty [fífti] 오십
710. sixty [síksti] 육십
711. seventy [sévənti] 칠십

712. eighty [éiti] 팔십
713. ninety [náinti] 구십
714. hundred [hʌ́ndrəd] 백 ★ 흔들어도 백점이야
715. ache [eik] 아픔, 아프다 ★ 아이코 아파라
716. headache [hédèik] 두통
717. without [wiðáut] ~없이
718. cause [kɔ:z] 원인을 제공하다 ★ 꼬집어 원인을 제공하다
719. cause A to 부정사: A가 ~하게 하다
720. laugh [læf] 웃다 ★ 내가 푸 하고 웃었다
721. eleven [ilévən] 열하나
722. twelve [twelv] 열둘
723. thirteen [θəːrtíːn] 열셋
724. fourteen [fɔːrtíːn] 열넷
725. fifteen [fíftíːn] 열다섯
726. sixteen [síkstíːn] 열여섯
727. seventeen [sévəntíːn] 열일곱
728. eighteen [éitíːn] 열여덟
729. nineteen [náintíːn] 열아홉
730. living room [líviŋ ruːm] 거실
731. would like to 동사 원형: ~하고 싶다
732. this afternoon 오늘 오후
733. away [əwéi] 떨어져, 멀리
734. wheel [wiːl] 바퀴 ★ 휠휠 도는 바퀴
735. go away 가버리다
736. hurt [həːrt] 다치다, 다치게 하다 ★ 헐! 트럭이 다치게 했다
737. copy [kápi] 복사하다
738. fruit [fruːt] 과일 ★ 후르츠 칵테일은 과일 칵테일

제15장 비인칭 주어 It

739. cheap [tʃi:p] 값싼 ★ 칩이 값이 싸다
740. moon [mu:n] 달 ★ 문 열고 달을 보다
741. favorite [féivərit] 가장 좋아하는 ★ 해 버렸다 가장 좋아하는 것이니까
742. post [poust] 우편
743. post office 우체국
744. park [pɑ:rk] ① 공원 ② 주차하다 ★ ① 공원에 ② 주차한다
745. mark [mɑ:rk] 표시(하다)
746. thing [θɪŋ] 어떤 것, 사물
747. bug [bʌg] ★ 벅벅 기는 벌레
748. roll [roul] 굴리다 ★ 롤 케이크는 굴리는 케이크
749. spider [spáidər] 거미 ★ 스파이더맨은 거미맨
750. cloud [klaud] 구름
751. cloudy [kláudi] 구름 낀
752. rainy [réini] 비가 오는
753. wind [wind] 바람 ★ 윈도우(창문)에 바람이 분다
754. windy [wíndi] 바람이 부는
755. sun [sʌn] 태양
756. shine [ʃain] 빛나게 하다, 빛나다
757. sunshine [sʌ́nʃàin] 햇빛
758. sunny [sʌ́ni] 햇빛이 비치는, 맑은
759. spring [spriŋ] 봄 ★ 스프링처럼 튄다 봄에는(기분이 좋아)
760. in the spring 봄에
761. summer [sʌ́mər] 여름
762. autumn [ɔ́:təm] 가을
763. fall [fɔ:l] ① 떨어지다 ② 가을 ★ 폴폴 ① 떨어진다 ② 가을에
764. in the fall 가을에
765. winter [wintər] 겨울
766. loaf [louf] 덩어리
767. a loaf of meat 고기 한 덩어리
768. steak [steik] 스테이크
769. picnic [píknik] 소풍
770. go on a picnic 소풍 가다
771. late [leit] 늦은

772. be late for ~에 늦다
　　He is late for the class because of rain. 그는 비 때문에 수업에 늦는다
773. run away 도망가다
774. another [ənʌðər] 또 다른 ★ 하나 더 또 다른
775. blouse [blaus] 블라우스
776. January [dʒǽnjuèri] 1월
777. February [fébruèri] 2월 ★ 빼버려라 2월은 가장 작은 달이므로
778. March [mɑːrtʃ] 3월 ★ 웨딩 마취 3월에는
779. April [éiprəl] 4월
780. May [mei] 5월
781. June [dʒuːn] 6월 ★ 준다고 했다 6월에
782. pet [pet] 애완동물 ★ 팻다 애완동물을
783. fat [fæt] 뚱뚱한 ★ pet이 fat 뚱뚱하다
784. thin [θin] 야윈, 날씬한 ★ 씬씬 날씬한
785. short [ʃɔːrt] 짧은 ★ 숏 다리는 짧은 다리
786. long [lɔːŋ] 긴 ★ 롱 다리는 긴 다리
787. show [ʃou] 보여주다 ★ 쇼를 보여 준다

제16장 수동태 I

788. healthy [hélθi] 건강한, 건강에 좋은 ★ 헬스클럽은 건강 클럽
789. unhealthy [ʌnhélθi] 건강하지 못한, 건강에 좋지 않은
790. basic [béisik] 기초적인 ★ 배워 지식을 기초적인 것부터
791. abroad [əbrɔ́ːd] 외국으로 ★ 어부로도 외국에 간다
792. possible [pásəbəl] 가능한
793. impossible [impásəbəl] 불가능한 ★ 임파서블 미션은 불가능한 미션
794. example [igzǽmpəl] 예
795. for example 예를 들어
796. stand [stænd] 서있다, 서다
797. examination [igzæ̀mənéiʃən] 시험 ★ 이거 재미있게 내신 시험인데
798. strike [straik] 치다 ★ 스트라이크(야구)를 치다
799. vegetable [védʒətəbəl] 야채 ★ 배 터져 볼 만큼 야채를 많이 먹었다
800. hop [hɑːp] 팔짝 뛰다 ★ 기합 소리를 내며 팔짝 뛰다
801. would like to 동사 원형: ~하고 싶다
802. drag [dræg] 끌다
803. jungle [dʒʌ́ŋgl] 밀림, 정글
804. nail [neil] 손톱 ★ 내일 손톱 검사한다
805. snail [sneil] 달팽이 ★ nail 손톱이 없다 달팽이는
806. tail [teil] 꼬리 ★ nail은 손톱이고 tail은 꼬리이다
807. mountain [máuntən] 산
808. understand [ʌ̀ndərstǽnd] 이해하다 ★ 안다 스탠드 즉 이해하다
809. fresh [freʃ] 신선한
810. fresh air 신선한 공기
811. stale [steil] 상한, 맛이 변한 ★ tale 이야기가 진부하다
812. ready [rédi] 준비된
813. model [mádl] 모델
814. knee [niː] 무릎 ★ 니 무릎
815. in front of ~앞에
816. friendly [fréndli] 우호적인
817. chief [tʃiːf] ① 주요한 ② 조장
818. asleep [əslíːp] 잠든
819. junior [dʒúːnjər] 하급의, 청소년의 ★ 준이는 청소년이다
820. senior [síːnjər] 선배의, 연장자 ★ junior의 반대말은 senior 선배, 연장자

821. warm [wɔːrm] 따뜻한 ★ worm 벌레가 warm 따뜻하니까 나온다
822. every morning 아침마다
823. every night 밤마다
824. invent [invént] 발명하다, 고안하다 ★ 이벤트를 고안하다
825. invention [invénʃən] 발명, 발명품
826. discover [diskʌ́vər] 발견하다 ★ 이 커버를 벗기고 발견해 봐라
827. bear [bɛər] ① 곰 ② 낳다, 산출하다 ★ 곰이 낳는다
828. be born 태어나다
    I was born in Damyang. 나는 담양에서 태어났다.
829. continent [kántənənt] 대륙 ★ 콘과 티가 난다 대륙에서
830. everywhere [évrihwɛ̀ər] 어디에나
831. beach [biːtʃ] 해변 ★ 비취 볼은 해변에서 갖고 노는 공
832. date [deit] ① 날짜 ② 데이트
833. pants [pænts] 바지
834. shoot [ʃuːt] 쏘다
835. drop [drɑːp] 떨어지다
836. group [gruːp] 집단
837. condition [kəndíʃən] ① 조건 ② 상황
838. dolphin [dálfin] 돌고래 ★ 돌과 핀을 먹은 돌고래
839. somebody [sʌ́mbɑ̀di] 어떤 사람, 누군가
840. clothes [klouðz] 옷, 의복
841. celebrate [séləbrèit] 기념하다, 경축하다 ★ 살려버렸다 그래서 축하했다
842. celebration [sèləbréiʃən] 축하
843. goods [gudz] 상품 ★ 좋은 상품들

제17장 감탄문

844. calendar [kǽləndər] 달력
845. trash [træʃ] 쓰레기 ★ 들어서 털어서 버린다 쓰레기를
846. soap [soup] 비누 ★ 소가 웁 한다 비누를 먹고
847. rose [rouz] 장미
848. worry [wə́:ri] 걱정하다 ★ 우리가 걱정한다
849. lady [léidi] 여성, 아가씨
850. lazy [léizi] 게으른 ★ lady가 게으르다
851. bravery [bréivəri] 용기 ★ 불에 벌이 용감하게 날아든다
852. brave [breiv] 용감한
853. trust [trʌst] 신뢰하다
854. doubt [daut] 의심, 의심하다 ★ 다 아웃됐다 의심한 사람들은
855. across from ~ 건너편에
856. knock [nɑ:k] 노크하다
857. thought [θɔ:t] ① 생각 ② 생각했다(think의 과거형)
858. tie [tai] 묶다 ★ 넥타이는 목에 맨다
859. hammer [hǽmər] 망치
860. human [hjú:mən] 인간의
861. pool [pu:l] 수영장 ★ 풀장은 수영장
862. wonderful [wʌ́ndərfəl] 훌륭한 ★ beautiful은 아름다운 것이고 wonderful은 훌륭한 것이다
863. honor [ɑ́nər] 영광(스럽게 하다) ★ 안어 영광을
864. middle [mídl] 중간의
865. monkey [mʌ́ŋki] 원숭이
866. middle school 중학교
867. elementary [èləméntəri] 기초적인, 기본적인 ★ 알려만 줘라 기초적인 것은
868. elementary school 초등학교
869. acid [ǽsid] 신맛의 ★ 액! 시다 신맛이다
870. cheer [tʃiər] 격려하다 ★ 치어걸이 격려한다
871. echo [ékou] 메아리치다 ★ 에코 소리가 메아리친다
872. gym [dʒim] 체육관 ★ 짐은 체육관에서 운동하고 있겠노라
873. jam [dʒæm] ① 혼잡 ② 먹는 잼, ㈜ jem 보석 ★ jam 잼 속에 보석이 빠졌다
874. traffic [trǽfik] 교통
875. traffic jam 교통 체증
876. pig [pig] 돼지 ★ 피구하는 돼지

877. ash [æʃ] 재 ★ 애가 쉬한다 재 위에
878. prince [prins] 왕자 ★ 프랑스 왕자
879. princess [prínsis] 공주
880. tower [táuər] 탑
881. brief [bri:f] 간단한 ★ 브리핑이 간단하다
882. bathroom [bǽθrù(:)m] 목욕탕 ★ 벗어 룸 = 목욕탕
883. garage [gərá:ʒ] 차고 ★ 거러지들이 차고에 모인다
884. medium [mí:diəm] 중간, 매개물
885. well-done [wel-dʌn] 잘 익은
886. wallet [wɑ́lit] 지갑
887. angry [ǽŋgri] 화난 ★ 앵! 왜 그래? 화났어?
888. dozen [dʌ́zn] 12개, 한 다스 ★ 더 준다 한 다스를
889. plant [plænt] ① 식물 ② 심다 ③ 공장 ★ plan 계획이 있다 ① 식물을 ② 심을
890. bonfire [bɑ́nfàiər] 모닥불
891. note [nout] ① 각서, 메모 ② 주의하다 ★ 노트에 있는 ① 메모에 ② 주의해라
892. dollar [dɑ́lər] 달러
893. cent [sent] 센트
894. weight [weit] 무게(가 나가다) ★ wait 기다려라 weight 몸무게 빠질 때까지
895. address [ədrés] 주소 ★ 어디랬어?(= 어디라고 했어) 주소가?
896. vase [veis] 꽃병

제18장 동명사 I

897. another [ənʌ́ðər] 또 다른, 또 하나 ★ 하나 더 또 다른 것
898. Same here. 나도 마찬가지야
899. need [niːd] 필요하다 ★ 니도(너도) 필요하지?
900. sweat [swet] 땀 ★ 스웨터에 땀이 밴다
901. tool [tuːl] 도구 ★ 툴툴 댄다 도구가 나쁘다고
902. control [kəntróul] 조절하다
903. Venus [víːnəs] 금성
904. form [fɔːrm] ① 모양, 형상 ② 형성하다
905. upset [ʌpsét] 화가 난 ★ 없앴다 화가 나서
906. put on 입다
907. coin [kɔin] 동전
908. ladder [lǽdər] 사다리
909. give out 배부하다
910. be good at ~을 잘하다
911. be poor at ~을 잘 못하다
912. keep pets 애완동물을 키우다
913. wolf [wulf] 늑대
914. wolves [wulvz] 늑대들 ★ 울부짖는 늑대들
915. enjoy [endʒɔ́i] 즐기다 ★ 인제 좋으니 즐기니
916. give up 포기하다
917. avoid [əvɔ́id] 피하다 ★ 어! boy도 피하네
918. mind [maind] ① 마음 ② 꺼리다 ★ 마음으로 꺼리다
919. finish [fíniʃ] 끝내다 ★ 편히 쉬어 이제 끝냈으니
920. information [ìnfərméiʃən] 정보 ★ 인품에 대해선 정보가 필요해
921. travel [trǽvəl] 여행하다 ★ 들에서 벌을 만났다 여행하다
922. travel around the world 세계 일주 여행을 하다
923. future [fjúːtʃər] 미래 ★ 비춰 미래를
924. in the future 미래에
925. expect [ikspékt] 기대하다 ★ 익수가 퍽도 기대한다
926. look after 돌보다
927. take care of 돌보다
928. promise [prámis] 약속(하다) ★ 프로가 미스했다 약속해 놓고
929. pot [pɑːt] 단지, 항아리 ★ 커피포트는 커피 단지이다

930. bully [búli] 깡패, 골목 대장 ★ <u>불려 갔다</u> 깡패한테
931. lack [læk] 부족(하다) ★ black 검은색이 조금 <u>부족하다</u>
    She lacked the money to buy the handbag. 핸드백을 살 돈이 부족했다.
932. spill [spil] 흘리다 ★ 쓰러져 <u>피를</u> 흘린다
933. surprise [sərpráiz] 놀라게 하다
934. be surprised at ~에 놀라다
935. have (hold) a party 파티를 열다
936. bicycle [báisikəl] 자전거
937. guitar [gitɑ́:r] 기타
938. clock [klɑ:k] 벽시계
939. God [gad] 하느님
940. machine [məʃí:n] 기계 ★ <u>멋있는</u> 기계
941. keep [ki:p] ① 지키다 ② 간직하다
942. hole [houl] 구멍
943. smooth [smu:ð] 부드러운
944. speed [spi:d] 속도
945. download [dáunloud] 내려받기 하다
946. tonight [tunáit] 오늘 밤
947. nation [néiʃən] 국민, 국가
948. bottom [bɑ́təm] 바닥 ★ 바톤을 <u>바닥에</u> 떨어뜨리다
949. pilot [páilət] 조종사

제19장 접속사

950. satisfy [sǽtisfài] 만족시키다 ★ 사 드셔 봐 만족할 거야
951. be satisfied with ~에 만족하다
952. service [sə́:rvis] 봉사
953. certain [sə́:rtən] ① 확실한 ② 어떤
954. certainly [sə́:rtənli] 확실히
955. It is certain that ~ that 이하가 확실하다
956. I am certain that ~ that 이하를 확신하다
957. succeed [səksí:d] 성공하다 ★ 석씨도 성공했다 김씨 이씨 박씨만 성공한 것이 아니고
958. sure [ʃur] 확실한
959. I am sure that ~ that 이하를 확신하다
960. It is sure that ~ that 이하가 확실하다
961. be sure to 부정사: 틀림없이 ~하다
962. agree [əgríː] 동의하다 ★ 어 그래 하며 동의한다
963. whether [weðər] ~인지 아닌지 ★ weather 날씨가 ~인지 아닌지
964. although [ɔːlðóu] ~이지만 (= though) ★ all 모두 도왔지만 ~이지만
965. even if ~이지만
966. even though ~이지만
967. spare [spɛər] ① 절약하다 ② 할애하다 ③ 여분의
968. convenient [kənvíːnjənt] 편리한 ★ 큰 비누는 편리하다
969. while [hwail] ① ~하는 동안 ② ~하는 반면
970. alone [əlóun] 홀로
971. flour [flauər] 밀가루 ★ flower(꽃)에 밀가루를 뿌린다
972. accept [æksépt] 받아들이다 ★ 억을 세트로 받아들이다
973. offer [ɔ(ː)fər] ① 제공하다 ② 제안하다 ★ 오! 퍼서 제공한다
974. refuse [rifjúːz] 거절하다 ★ 퓨즈를 다시 거절한다
975. propose [prəpóuz] 제안하다 ★ 프러포즈는 사귀자고 제안하는 것이다
976. proposal [prəpóuzəl] 제안
977. be afraid of ~을 두려워하다
978. shark [ʃɑːrk] 상어 ★ 삭삭 움직이는 상어
979. blond [blɑnd] 금발의 ★ 볼란다('보겠다'의 전라도 사투리) 금발머리 소녀를
980. fact [fækt] 사실
981. miss [mis] 놓치다, 실수하다
982. appoint [əpɔ́int] 지적하다, 지명하다 ★ 한 점을 지명하다
983. appointment [əpɔ́intmənt] 약속

984. make an appointment 약속하다
985. forgive [fərgív] 용서하다 ★ 포어(네 개) 주고 용서한다
986. forgiveness [fərgívnis] 용서
987. natural [nǽtʃərəl] 자연의, 자연스러운
988. mad [mæd] ① 미친 ② 매우 화가 난 ★ 매를 대니 ① 미친 듯이 ② 화를 낸다
989. describe [diskráib] 묘사하다 ★ 뒤에서 그려보고 묘사한다
990. description [diskrípʃən] 묘사
991. thief [θi:f] 도둑 ★ 시프(스프)를 훔친 도둑
992. thieve [θív] 도둑질하다
993. reason [rí:zən] 이유 ★ 늦은 이유
994. the reason why ~한 이유
995. attend [əténd] ① 출석하다 ② 시중 들다 ★ 어떤 데(곳)에 ① 출석하여 ② 시중 든다
996. respond [rispánd] 응답하다
997. response [rispáns] 응답 ★ res(뤼스)가 ponse(빤스)한테 응답한다
998. path [pæθ] 오솔길, 좁은 길 ★ pass(지나간다) 한다 오솔길을
999. join [dʒɔin] 결합하다, 합류하다 ★ 조인다 결합하고 나서
1000. relax [rilǽks] 긴장을 풀다, 늦추다
1001. lax [læks] 느슨한
1002. decision [disíʒən] 결정 ★ 됐어 이젠 결정했으니
1003. make a decision 결정하다
1004. decide [disáid] 결정하다 ★ 뒤 사이드 즉 뒤쪽으로 결정했다
1005. soup [su:p] 국물
1006. bone [boun] 뼈
1007. humor [hjú:mər] 유머
1008. project [prədʒékt] 입안(하다), 계획(하다), 사업
1009. branch [bræntʃ] 나뭇가지 ★ 벤치 위에 나뭇가지가 늘어지다
1010. trick [trik] 속임수
1011. lip [lip] 입술 ★ 립스틱은 입술에 바른다
1012. medical [médikəl] 의학의, 의술의
1013. happen to 부정사 우연히 ~하다
1014. reporter [ripɔ́:rtər] 보고자 ★ 뉴스 리포터는 보고자다
1015. report [ripɔ́:rt] 보고하다
1016. skill [skil] 기술 ★ 스키를 타는 기술
1017. excuse [ikskjú:z] 용서하다, 변명하다
1018. excuse me ① 실례합니다 ② 다시 말씀해 주시겠어요?
1019. chew [tʃu:] 씹다 ★ 츄잉껌은 씹는 껌
1020. pair [pɛər] 짝

제20장 비교급

1021. pond [pɑːnd] 연못 ★ 판다 연못을
1022. basket [bǽskit] 바구니 ★ 비스켓을 바구니에 담다
1023. basketball [bǽskitbɔːl] 농구 ★ 바구니에 공을 넣는 농구
1024. wild [waild] 야생의
1025. seed [siːd] 씨앗 ★ 씨도 씨앗이다
1026. bowl [boul] 사발 ★ ball 공을 사발에 담았다
1027. What time shall we make it? 몇 시에 만날까요?
1028. season [síːzən] 계절 ★ 씨 준다 계절 따라
1029. toe [tou] 발가락
1030. tiptoe [típtòu] 발끝
1031. case [keis] 경우
　　　　In case of fire, ring the alarm bell. 화재가 날 경우에 비상벨을 울려라.
1032. however [hauévər] 그러나
1033. muscle [mʌ́səl] 근육 ★ 멋을 낸다 근육에
1034. ahead [əhéd] 앞에
1035. go ahead 계속하다(누가 어떤 제안을 할 때) 그렇게 해라
1036. become [bikʌ́m] ~이 되다 ★ 비가 컴 와서 ~이 되다
1037. company [kʌ́mpəni] ① 회사 ② 친구 ★ 껌 파니 ① 회사에서 ② 친구에게
1038. bakery [béikəri] 제과점
1039. bake [beik] 굽다
1040. camp [kæmp] 야영지, 야영하다
1041. tunnel [tʌnl] 터널
1042. serve [səːrv] 봉사하다, 섬기다
1043. crazy [kréizi] 미친 ★ 그래 이제 미쳤구나
1044. arcade [ɑːrkéid] 오락실 ★ 아깨도 오락실에 있었다
1045. birth [bəːrθ] 탄생 ★ birthday는 탄생일
1046. devote [divóut] 바치다, 헌신하다 ★ 더 보태 바친다, 헌신한다
1047. wrap [ræp] 싸다 ★ 랩으로 싸다
1048. sunset [sʌ́nsèt] 일몰
1049. sunrise [sʌ́nràiz] 일출
1050. end [end] 끝
1051. steam [stiːm] 증기
1052. pray [prei] 기도하다 ★ play 하다 기도한다(축구하다 기도하는 사람 봤지?)

1053. average [ǽvəridʒ] 평균
1054. hold [hould] 잡다
1055. new [njuː] 새로운
1056. same [seim] 같은
1057. tap [tæp] 마개, 꼭지
1058. tip [tip] ① 팁, 사례비 ② 충고, 조언
1059. a lot of 많은
1060. a lot 많이
1061. wind [wind] 바람
1062. wet [wet] 젖은
1063. dry [drai] 건조한, 물기가 없는 ★ 드라이기로 물기를 말린다
1064. near [niər] 가까운, 가까이
1065. dragon [drǽgən] 용
1066. again [əgén] 다시
1067. over and over again 반복하여
1068. nurse [nəːrs] 간호사 ★ 널 쓰겠다 간호사로
1069. together [təgéðər] 함께 ★ 두 개 더 함께
1070. harmony [hɑ́ːrməni] 조화 ★ 하모니카를 조화롭게 분다
1071. rocket [rɑ́kit] 로켓
1072. bath [bæθ] 목욕
1073. bathroom [bǽθrù(ː)m] 욕실 ★ 벗어 룸 즉 옷 벗는 방 욕실
1074. stomach [stʌ́mək] 배
1075. stomachache [stʌ́məkèik] 복통 ★ 스타가 케이크 먹고 배가 아프다
1076. shopkeeper [ʃɑ́pkìːpər] 가게 주인
1077. scissors [sízərz] 가위
1078. scarf [skɑːrf] 스카프

제21장 재귀 대명사, 부정 대명사

1079. rope [roup] 줄
1080. living room 거실
1081. blind [blaind] 눈이 먼, 안보이는 ★ 블라인드 치면 안 보인다
1082. towel [tauəl] 수건
1083. fine [fain] 멋진, 좋은
1084. lily [líli] 백합
1085. postman [póustmən] 우체부
1086. butterfly [bʌtərflài] 나비 ★ 버터 먹고 fly 날아간다 나비가
1087. tissue [tíʃuː] 직물, 얇은 천, 얇은 화장지
1088. diamond [dáiəmənd] 다이아몬드
1089. whale [hweil] 고래
1090. starfish [stɑːrfiʃ] 불가사리 ★ star(별)처럼 생긴 물고기는 불가사리
1091. word [wəːrd] 말, 단어
1092. forget [fərgét] 잊어버리다 ★ four(네 개)를 잊어버렸다
1093. overcome [òuvərkʌ́m] 극복하다 ★ 넘어(over) 온다(come) 극복하고
1094. false [fɔːls] 그릇된, 잘못된 ★ 옳소는 옳은 것이고 폴스는 그른 것이다
1095. handle [hǽndl] 손잡이, 손으로 다루다
1096. situation [sìtʃuéiʃən] 상황 ★ 시추선의 상황
1097. message [mésidʒ] 소식, 전달문
1098. fatty [fǽti] 지방질이 많은
1099. meal [miːl] 식사, 끼니 ★ 밀로 식사를 한다
1100. fatty meal 지방질이 많은 식사
1101. healthy [hélθi] 건강에 좋은
1102. still [stil] ① 조용한, 정지해 있는 ② 여전히 ★ 여전히 조용해
1103. take off 벗다
1104. carpenter [kɑ́ːrpəntər] 목수 ★ car에 pen을 두고 온 목수
1105. dentist [déntist] 치과의사
1106. skirt [skəːrt] 치마
1107. against [əgénst] ~에 반대하여 ★ again 다시 반대하여
1108. wool [wul] 양털, 털실
1109. hometown [houmtaun] 고향
1110. beef [biːf] 소고기 ★ 비프스테이크는 소고기 스테이크
1111. story [stɔ́ːri] 이야기

1112. more [mɔ:r] 더 많은
1113. seashell [si:ʃel] 조개(껍데기)
1114. ring [riŋ] ① 반지 ② 울리다
1115. earring [íəriŋ] 귀고리
1116. round [raund] 둥근
1117. sandwich [sǽndwitʃ] 샌드위치
1118. angel [éindʒəl] 천사 ★ 애인이 절 보고 천사래요
1119. change [tʃeindʒ] ① 바꾸다 ② 잔돈
1120. favorite [féivərit] 가장 좋아하는 ★ 해 버렸다 가장 좋아하는 것을
1121. shy [ʃai] 부끄러워하는 ★ 사위가 부끄러워한다
1122. system [sístəm] 체계
1123. instead [instéd] 대신에 ★ 인스턴트 대신에 영양가 있는 식사를 해라
1124. instead of ~대신에
1125. file [fail] 서류철
1126. pile [pail] 쌓아 올린 것 ★ 서류철을 쌓아 올리다
1127. return [ritə́:rn] 되돌아가다
1128. rule [ru:l] 규칙
1129. blow [blou] 바람(불다) ★ 불어 바람이
1130. later [léitər] 나중에
1131. See you later 나중에 보자
1132. lift [lift] 들어 올리다 ★ 리프트(스키장) 기가 들어 올린다

제22장 다양한 동사 활용

1133. socks [sɑːks] 양말
1134. jeans [dʒíns] 청바지
1135. suit [suːt] 양복 한 벌
1136. electricity [ilèktrísəti] 전기 ★ 인력 들이셨다 전기 안 쓰고
1137. electric [iléktrik] 전기의
1138. pleasure [pléʒər] 즐거움, 기쁨 ★ 풀어줘 기뻐하게
1139. pleasant [plézənt] 기쁜, 즐거운
1140. total [toutl] 전체의, 완전한
1141. within [wiðín] ~의 범위 안에
1142. step [step] 발걸음
1143. equal [íːkwəl] 동등한 ★ 수학에서 이꼴(=)은 equal이다
1144. A is equal to B: A와 B는 동등하다
1145. closet [klázit] 벽장, 장롱 ★ close 했다 벽장을
1146. pocket [pákit] 주머니
1147. guest [gest] 손님 ★ 계셨다 손님이
1148. sour [sáuər] 신
1149. rice [rais] 쌀
1150. foul [faul] 더러운, 반칙의 ★ 파울은 ① 더러운 ② 반칙 행위이다
1151. kind [kaind] ① 종류 ② 친절한
1152. many kinds of flowers 많은 종류의 꽃들
1153. lake [leik] 호수
1154. terrible [térəbəl] 지독한, 무서운 ★ 테러 볼래 무서운 테러
1155. colorful [kʌlərfəl] 색체가 풍부한
1156. delicious [dilíʃəs] 맛있는 ★ 드리셨어 맛있는 것을
1157. strange [streindʒ] 이상한 ★ 스타가 왠지 이상해
1158. outside [áutsáid] 바깥의
1159. show [ʃou] 보여주다 ★ 쇼를 보여주다
1160. size [saiz] 크기
1161. show 무엇 + to 사람: 누구에게 ~을 보여주다
1162. nickname [níknèim] 별명
1163. yard [jɑːrd] 마당 ★ 야! 들어와 마당으로
1164. grass [græs] 풀 ★ glass(잔)가 풀 위에 있다
1165. wrong [rɔːŋ] 잘못된, 그른 ★ long 오랫동안 잘못됐네

1166. tomb [tuːm] 무덤 ★ 둠 무덤에 그냥 그대로
1167. marry [mǽri] 결혼하다 ★ 메리가 결혼한다
1168. event [ivént] 사건, 결과 ★ 이벤트는 사건이다
1169. dining room [dáiniŋ-ruːm] 식당
1170. mirror [mírər] 거울 ★ 자동차 백미러는 뒤를 보는 거울
1171. answer [ǽnsər] 대답(하다) ★ 안 써 대답을
1172. store [stɔːr] ① 저장하다 ② 가게 ★ 가게에 저장하다
1173. supper [sʌ́pər] 저녁 식사 ★ 서서 퍼먹는다 저녁 식사를
1174. noise [nɔiz] 소음 ★ 노이로제 걸리다 소음 때문에
1175. take it easy 진정해
1176. courage [kə́ːridʒ] 용기 ★ 꺼리지 말고 용기를 내
1177. side by side 나란히
1178. turn off 끄다
1179. turn down 줄이다, 내리다
1180. fellow [félou] 친구, 또래 ★ follow 하는 fellow 즉 따라 다니는 친구

제23장 관계 대명사 I

1181. different [dífərənt] 다른
1182. difference [dífərəns] 차이
1183. dull [dʌl] 둔한 ★ 덜떨어진 둔한 아이
1184. half [hæf] 절반
1185. theater [θí(:)ətər] 극장 ★ 쉬었다 극장에서
1186. culture [kʌltʃər] 문화 ★ 가르쳐 문화를
1187. kite [kait] 연
1188. tour [tuər] 관광
1189. tourist [túərist] 관광객
1190. true [tru:] 정말의, 진실한
1191. truly [trú:li] 참으로, 진실로
1192. truth [tru:θ] 진실, 진리
1193. voice [vɔis] 목소리 ★ boy's 소년의 목소리
1194. bee [bi:] 벌 ★ 비를 싫어하는 벌
1195. animal [ǽnəməl] 동물 ★ 아니 말이 동물이라고?
1196. sale [seil] 판매
1197. touching [tʌtʃiŋ] 감동적인 ★ 마음을 건드리는(touch하는) 감동적인
1198. flock [flɑ:k] 떼, 무리 ★ 플럭플럭거리는 떼
1199. elevator [éləvèitər] 엘리베이터
1200. elevation [èləvéiʃən] 고도, 높이 ★ 엘리베이터 타고 높이 올라간다
1201. bathe [beið] 목욕하다
1202. take a bath 목욕하다
1203. art [ɑ:rt] 예술
1204. artist [ɑ́:rtist] 예술가
1205. village [vílidʒ] 마을 ★ 빌라지? 마을이
1206. cow [kau] 소 ★ 카우보이는 소 키우는 사람
1207. slow down 속도를 늦추다
1208. turn [tə:rn] 돌리다, 변하다
1209. army [ɑ́:rmi] 군대
1210. square [skwɛər] 정사각형
1211. captain [kǽptin] 장, 우두머리, 대위 ★ 캡(모자)이 튄다 우두머리의 모자가
1212. wait in line 줄을 서서 기다리다
1213. besides [bisáidz] 게다가, 더욱 ★ (값도) 비싸지 게다가

1214. give a big hand 박수갈채를 보내다
1215. burn[bə:rn] 태우다 ★ 버너로 태우다
1216. sight [sait] 시각, 시야
1217. sightsee [sáitsì] 관광하다, 유람하다
1218. lie-lay-lain 누워있다, 놓여있다
1219. lay-laid-laid 내려놓다

제24장 현재 완료

1220. continue [kəntínju:] 계속하다 ★ 관뒀니 계속하지?
1221. respect [rispékt] 존경하다 ★ 이씨가 백두산을 존경하다
1222. take a rest 휴식을 취하다
1223. fix [fiks] 고치다, 고정하다 ★ 픽! 새 ①고치고 ②고정해야겠어
1224. shout [ʃaut] 소리치다 ★ 싸웠다 소리치며
1225. front [frʌnt] 정면, 앞면 ★ 호텔의 프런트는 앞에 있다
1226. in front of ~앞에
1227. risk [risk] 위험
1228. run the risk of ~의 위험을 무릅쓰다
1229. dismiss [dismís] 해고하다, 해임하다 ★ 이 미스를 해고해라
1230. admire [ædmáiər] 숭배하다 ★ 어디에서 마야인은 숭배를 했니?
1231. put ~ together ~을 조립하다
1232. care [kɛər] ① 걱정, 근심 ② 주의, 관심
1233. careful [kéərfəl] 조심스런 ★ 캐라 풀을 조심스럽게(뿌리 안 다치게)
1234. careless [kéərlis] 부주의한
1235. take care of ~을 돌보다
1236. issue [íʃu:] ① 발표하다 ② 논쟁점
1237. nude [nu:d] 벌거벗은 ★ 누드 사진 벌거벗은 사진
1238. rude [ru:d] 무례한 ★ nude 누드는 rude 무례하다
1239. behave [bihéiv] 행동하다 ★ be(있다) have(가지고 있다) 그다음 행동한다
1240. behavior [bihéivjər] 행동
1241. rabbit [rǽbit] 토끼 ★ 내비뒀다 토끼를 잡지 않고
1242. chase [tʃeis] 추적하다 ★ 체스에서 쫓아간다
1243. diligent [dílədʒənt] 근면한 ★ 들리지 않는다 근면한 사람에게는(놀자는 소리가)
1244. customer [kʌ́stəmər] 고객 ★ custom 관습적으로 오는 고객
1245. complain [kəmpléin] 불평하다 ★ 껌팔이는 불평한다 껌이 안 팔린다고
1246. right away 즉시
1247. put off 연기하다
1248. treat [tri:t] 다루다, 대하다 ★ 틀렸다 다루는 것을 보니
1249. endure [endjúər] 인내하다, 참다 ★ 안 돼유 참아야 돼유
1250. quick [kwik] 빠른 ★ 퀵 서비스는 빠른 서비스
1251. responsible [rispánsəbəl] ~에 책임이 있다 ★ 이씨는 판사를 볼 책임이 있다
1252. be responsible for ~에 책임이 있다

1253. responsibility [rispɑ̀nsəbíləti] 책임감
1254. luggage [lʌ́gidʒ] 짐가방 ★ 너꺼지 짐 가방이
1255. discuss [diskʌ́s] 토론하다 ★ 뒤섞어서 토론하다
1256. religion [rilídʒən] 종교 ★ 우리 이젠 종교를 갖자
1257. theory [θíːəri] 이론 ★ 써오리 이론을
1258. spill [spil] (액체 등을) 흘리다, 엎지르다 ★ 쓰러져 피를 흘린다
1259. It seems that~: that 이하처럼 보인다
1260. seem to 부정사: ~하는 것처럼 보인다
1261. in order to 부정사: ~하기 위하여
1262. so as to 부정사: ~하기 위하여
1263. carry out 수행하다, 완수하다
1264. receive [risíːv] 받다 ★ 배구에서 리시브는 공을 받는 것이다
1265. accident [ǽksidənt] 사건, 사고 ★ 악쓰던데 사고 내고
1266. break out 발생하다 ★ 밖에서(out) 깨지는(break) 일이 발생했다
1267. astronomer [əstrɑ́nəmər] 천문학자
1268. agent [éidʒənt] 대리인 ★ 에이! 전투에는 대리인을 내보내자
1269. clerk [kləːrk] 서기 ★ o'clock 시각을 잘 맞추는 서기
1270. create [kriːéit] 창조하다, 만들다 ★ 그렸다 만들기 전에
1271. digital [dídʒitl] 디지털 방식의
1272. thin [θin] 날씬한, 가느다란 ★ 씬씬 날씬한
1273. alive [əláiv] 살아있는
1274. take a shower 샤워하다
1275. officer [ɔ́(ː)fi] 장교
1276. connect [kənékt] 연결하다 ★ 큰 넥타이로 연결하다
1277. giant [dʒáiənt] 거인
1278. already [ɔːlrédi] 이미 ★ all 모두 ready 준비되었다 이미
1279. servant [sə́ːrvənt] 하인, 고용인 ★ 서브(serve)한다 하인이
1280. frightened [fráitnd] 깜짝 놀란 ★ 프라이 탄다 아이고 놀라라
1281. kitchen [kítʃən] 부엌
1282. battle [bǽtl] 전쟁 ★ bat들 박쥐들의 전쟁
1283. disease [dizíːz] 질병 ★ 디지지 질병 때문에
1284. several [sévərəl] 몇 개의, 몇몇의 ★ 세어볼 몇 개
1285. blanket [blǽŋkit] 담요 ★ 벌렁 누웠다 담요 위에
1286. speech [spiːtʃ] 연설 ★ speak 말하다 speech 연설을
1287. pigeon [pídʒən] 비둘기 ★ 피해 전쟁을(평화의 상징 비둘기)

1288. dove [dʌv] 비둘기 ★ 두부 먹는 비둘기
1289. light [lait] ① 빛, 밝은 ② 가벼운
1290. citizen [sítəzən] 시민 ★ 시티에 사는 주민은 시민
1291. duck [dʌk] 오리 ★ 더 큰 오리
1292. heel [hi:l] 발뒤꿈치 ★ 하이힐은 발뒤꿈치가 높은 구두
1293. hill [hil] 언덕, 작은 산 ★ high heel 신고 hill 언덕에 올라가다
1294. aloud [əláud] 소리를 내어
1295. job [dʒɑ:b] 직업 ★ 잡일이 직업이다
1296. justice [dʒʌ́stis] 정의, 정당성 ★ 자수했어 그리고 정당성 주장한다
1297. give me a hand 도와주다
1298. safe [seif] 안전한 ★ 세이프(야구)는 안전하게 살았다는 뜻이다
1299. safety [séifti] 안전
1300. graduate [grǽdʒuèit] 졸업하다 ★ 그리 해 주었다 졸업하라고
1301. downstairs [daunstɛ́ərz] 아래층에, 아래층으로
1302. upstairs [ʌ́pstɛ́ərz] 위층으로, 위층에
1303. holiday [hɑ́lədèi] 공휴일 ★ 홀로 데이 했네 공휴일인데
1304. be out 외출하다
1305. festival [féstəvəl] 축제
1306. raw [rɔ:] 날것의 ★ 알(r) 한 개(a)를 날것으로 먹다
1307. damp [dæmp] 축축한, 습기가 많은 ★ 댐 밑에 푸른 곳은 축축하다
1308. dig [dɪg] 파다(dig-dug-dug) ★ 득득 파다
1309. fill [fil] 채우다 ★ 리필은 다시 채우는 것
1310. neck [nek] 목 ★ 넥타이는 목에 매는 타이
1311. thousand [θáuzənd] 천 ★ 싸워 준다 천 원을 받고
1312. bill [bil] ① 계산서, 청구서 ② 지폐 ③ 법안 ★ ① 청구서를 ② 지폐로 갚으라는 ③ 법이 있다
1313. million [míljən] 백만 ★ 밀려온 백만 원
1314. billion [bíljən] 10억 ★ 빌려온 10억
1315. at least 최소한
1316. island [áilənd] 섬 ★ 아일랜드(영국)는 섬이다
1317. portrait [pɔ́:rtrit] 초상화 ★ 보여드렸다 초상화를
1318. throw [θrou] 던지다(throw-threw-thrown)
1319. indeed [indí:d] 정말로 ★ 인제 됐다 정말로
1320. shoulder [ʃóuldər] 어깨 ★ 숄을 더 어깨에 덮어라
1321. lucky [lʌ́ki] 행운의
1322. luck [lʌk] 행운

1323. especially [ispéʃəli] 특별히

1324. person [pə́:rsən] 사람 ★ 벌서(스)는 사람

1325. floor [flɔ:(r)] 바닥 ★ 풀로 바닥을 깔아라

1326. joy [dʒɔi] 즐거움

1327. fog [fɔ:g] 안개 ★ 폭 싸였다 안개로

1328. tear [tiər] ① 눈물 ② 찢다 ★ 튀어 ① 눈물이 그래서 (종이가) ② 찢어졌다

1329. space [speis] 공간, 장소, 우주 ★ 숲에 있어 어떤 공간이

1330. never [névər] ~이 아닌 ★ 내버려 ~이 아니니까

1331. trouble [trʌbəl] 고생, 수고, 문젯거리 ★ 피부 트러블은 피부에 생긴 문젯거리

1332. anybody [énibàdi] 누군가, 누구라도

1333. rise [raiz] 오르다 (rise-rose-risen)

1334. raise [reiz] 올리다 (raise-raised-raised)

1335. photo [foutou] 사진

1336. ox [ɑ:ks] 황소 ★ 옥수수 밭에 황소가 있다

1337. garbage [gɑ́:rbidʒ] 쓰레기 ★ 가(서) 비우지 쓰레기를

1338. hide [haid] 숨다

1339. seek 찾다 [si:k] ★ 씩씩 거리며 찾는다

1340. hide-and-seek 숨바꼭질

1341. parrot [pǽrət] 앵무새

1342. worm [wə:rm] 벌레 ★ 워메 벌레야

1343. period [píəriəd] 기간, 시대 ★ 피어나려도 기간이 필요하다

1344. novel [nάvəl] ① 신기한 ② 소설 ★ 노벨상 받은 ① 신기한 ② 소설

제25장 시제

1345. thrill [θril] 흥분감, 전율
1346. thrilling [θriliŋ] 흥분감을 느끼는, 오싹하게 하는
1347. attitude [ǽtitjùːd] 태도, 자세 ★ 애틋해도 태도가
1348. fee [fiː] 요금 ★ 피! 요금 내래
1349. next to ~옆에
1350. history [hístəri] 역사 ★ 이 스토리는 역사다
1351. audience [ɔ́ːdiəns] 청중, 관중 ★ 어디에서 온 청중
1352. addition [ədíʃən] 추가 ★ 얻으신 추가로
1353. add [æd] 추가하다
1354. in addition to ~에 추가하여
1355. exchange [ikstʃéindʒ] 교환하다, 바꾸다
1356. contain [kəntéin] 포함하다 ★ 컨테이너에 포함하다
1357. coke [kouk] 콜라
1358. for here or to go? 여기서 드실 거예요? 가지고 갈 거예요?
1359. blood [blʌd] 피 ★ 피를 불러도
1360. ocean [óuʃən] 대양, 바다 ★ 오 sun 태양이 대양 위에 빛난다
1361. interest [íntərist] 관심, 흥미
1362. be interested in ~에 관심이 있다
1363. flat [flæt] 평평한, 납작한, 타이어가 펑크 난
1364. communicate [kəmjúːnəkèit] 의사소통하다
1365. cost [kɔːst] 비용, 비용이 들게 하다
1366. hate [heit] 싫어하다, 미워하다 ★ 해(해로움)있다 그래서 싫어한다
1367. zoo [zuː] 동물원 ★ 주마다 동물원에 간다
1368. traffic [trǽfik] 교통
1369. gun [gʌn] 총, 대포 ★ 건다 총을 어깨에
1370. chef [ʃef] 주방장, 요리사
1371. look after 돌보다
1372. take care of 돌보다
1373. indoor [índɔ̀ːr] 실내의, 옥내의
1374. thoughtful [θɔ́ːtfəl] 생각이 깊은
1375. factory [fǽktəri] 공장 ★ 벽돌이 공장에서 나온다
1376. kitten [kítn] 새끼 고양이 ★ 기어든 새끼 고양이
1377. anyone [éniwʌ̀n] 누구라도
1378. be full of ~으로 가득 차 있다

1379. be filled with ~으로 가득 차 있다
1380. have fun 재미있게 시간을 보내다
1381. cartoon [kɑːrtúːn] 만화
1382. cartoonist [kɑːrtúːnist] 만화가
1383. snack [snæk] 가벼운 식사
1384. snake [sneik] 뱀 ★ 스낵을 뱀도 먹는다
1385. excite [iksáit] 흥분시키다
1386. exciting [iksáitiŋ] 흥미진진한, 다른 사람을 흥미 있게 만드는
1387. mostly [móustli] 대부분, 대개
1388. rush [rʌʃ] 돌진하다
1389. quite [kwait] 완전히, 아주
1390. common [kámən] 흔한, 보통의 ★ 까만색은 흔한 보통의 색이다
1391. imagine [imædʒin] 상상하다 ★ 이미지는 상상하는 것이다
1392. advice [ædváis] 충고 ★ 얻어 봤어 충고를
1393. advise [ædváiz] 충고하다
1394. persuade [pərswéid] 설득하다 ★ 벌써 애들을 설득했다
1395. road [roud] 길
1396. course [kɔːrs] 과정, 진행, 진로
1397. pardon [pɑ́ːrdn] 용서하다
1398. I beg your pardon. 다시 말씀해 주시겠어요?
1399. corner [kɔ́ːrnər] 코너, 모퉁이
1400. age [eidʒ] 나이
1401. When I was your age. 내가 네 나이였을 때
1402. left [left] ① 왼쪽 ② leave(떠나다)의 과거형
1403. right [rait] ① 올바른 ② 오른쪽
1404. between [bitwíːn] ~사이에 ★ 비가 튄다 사이사이로
1405. between A and B: A와 B 사이에
1406. strange [streindʒ] 이상한 ★ 샀다 이상한 레인지를
1407. opinion [əpínjən] 의견 ★ 업힌 여인의 의견
1408. fur [fəːr] 모피
1409. sentence [séntəns] ① 문장 ② 형을 선고하다 ★ ① 문장으로 ② 형을 선고하다
1410. explain [ikspléin] 설명하다 ★ 액수를 풀어 낸 후 설명하다
1411. obey [oubéi] 복종하다 ★ 어버이에게 복종하다
1412. disobey [dìsəbéi] 불복종하다
1413. stare [stɛər] 응시하다 ★ 스타(별)를 응시한다

1414. eager [íːgər] 열망하는 ★ 익어가길 열망한다
1415. be eager to 부정사: ~하기를 열망하다
1416. empty [émpti] 텅 빈 ★ 엠티 가고 텅 비었다
1417. improve [imprúːv] 개선하다 ★ 이미 풀어보고 개선했다
1418. solar [sóulər] 태양의, 태양에 관한 ★ 쏘아 올려 태양으로
1419. burden [bəːrdn] 짐 ★ 벗어 든 짐
1420. atmosphere [ǽtməsfiər] 분위기 ★ 아따 뭐시 피어서 분위기 좋네
1421. mortal [mɔ́ːrtl] 죽어야 하는 ★ 모두들 죽어야 하는
1422. immortal [imɔ́ːrtl] 불멸의, 죽지 않는
1423. regular [régjələr] 정기적인, 일상적인 ★ 왜 굴러? 정기적으로
1424. irregular [irégjələr] 비정기적인
1425. sure [ʃuər] 확실한
1426. I am sure that ~: that 이하를 확신한다
1427. witty [witi] 위트가 있는, 재치가 있는
1428. forever [fərévər] 영원히
1429. unless [ənlés] ~하지 않는다면
1430. choice [tʃɔis] 선택
1431. choose [tʃuːz] 선택하다 ★ 주주들이 선택한다
1432. congratulate [kəngrǽtʃəlèit] 축하하다
1433. congratulation [kəngrætʃəléiʃən] 축하
1434. wonder [wʌ́ndə] ① 이상함, 경이 ② 궁금하게 여기다
　　　★ 원더우먼은 ① 이상한 여자 그녀에 대해 ② 궁금하게 여긴다
1435. allow [əláu] 허락하다 ★ 얼라(어린이들의 사투리)들에게도 허락한다
1436. allow A to 부정사: A에게 ~하도록 허락한다

제26장 to 부정사 II

1437. luggage [lʌ́gidʒ] 수하물 ★ 너꺼지 수하물이
1438. bite [bait] 물어뜯다 (bite-bit-biten)
1439. invite [inváit] 초대하다 ★ in(안에서) 봤다 초대한 사람을
1440. method [méθəd] 방법 ★ 매를 써도 방법이 된다
1441. selfish [sélfiʃ] 이기적인
1442. selfishness [sélfiʃnis] 이기심
1443. mild [maild] 온화한 ★ mind가 온화하다
1444. insect [ínsekt] 곤충 ★ 안에 색도 있는 곤충
1445. United States 미국
1446. No way 절대 안 돼!
1447. fame [feim] 명성 ★ 네임은 이름이고 페임은 명성이다
1448. be famous for ~으로 유명하다
1449. field [fi:ld] 야외, 들, 현장
1450. hurry [həː́ri] 서두르다 ★ 허리띠를 묶고 서두르다
1451. own [oun] 소유하다 ★ 오원을 소유한다
1452. owner [óunər] 소유자
1453. relative [rélətiv] ① 상대적인 ② 친족
1454. perhaps [pərhǽps] 아마
1455. maybe [méibiː] 아마
1456. refrigerator [rifrídʒərèitər] 냉장고
1457. probably [prábəbli] 아마, 대개는 ★ 프로는 배부르게는 먹을 거야 아마
1458. useful [júːsfəl] 유용한
1459. gather [gǽðər] 모으다 ★ 개들을 더 모은다
1460. horrible [hɔ́ːrəbəl] 무서운 ★ 홀려볼 무서운 것에
1461. horror [hɔ́ːrər] 공포
1462. none [nʌn] 아무도 ~이 아닌
1463. anyway [éniwèi] 어쨌든
1464. such [sʌtʃ] 그런
1465. such a good boy 그렇게 착한 소년
1466. far [fɑː(r)] 멀리
1467. both A and B: A와 B 둘 다
1468. along [əlɔ́ːŋ] ~을 따라서 ★ 얼릉 따라서 와
1469. for nothing 무료로
1470. host [houst] 남자 주인

1471. melt [melt] 녹이다 ★ 벨트를 녹이다
1472. deny [dinái] 부정하다 ★ 되나요 부정하면
1473. pumpkin [pʌ́mpkin] 호박 ★ 봄에 키운 호박
1474. drug [drʌg] 약, 마약 ★ 드르륵 열고 약을 꺼낸다
1475. drugstore [drʌ́gstɔ̀ːr] 약국
1476. nobody [nóubɑ̀di] 아무도 ~이 아니다
1477. public [pʌ́blik] 공적인, 공개적인
1478. by the way 그런데
1479. go through 경험하다, 겪다
1480. privacy [práivəsi] 사생활
1481. private [práivit] 사적인, 개인적인
1482. for a while 한동안
1483. search [səːrtʃ] 찾다
1484. make fun of ~을 놀리다
1485. someone [sʌ́mwʌ̀n] 누군가
1486. suddenly [sʌ́dnli] 갑자기 ★ 서두니 갑자기
1487. belong to ~의 것이다, ~에 속하다 ★ 오랫동안 ~에게 속해 있었다
1488. believe [bilíːv] 믿다 ★ 빌려봐 믿으니까
1489. cave [keiv] 동굴 ★ 캐봐 동굴을
1490. rock [rɑːk] 바위
1491. careless [kéərlis] 부주의한
1492. donate [dóuneit] 기부하다, 헌금하다 ★ 돈 냈다 헌금했다
1493. donation [douneiʃn] 헌금
1494. charity [tʃǽrəti] 자선(단체), 자비 ★ 잘했다 자선을
1495. shed tears [ʃed-tiəs] 눈물을 흘리다 ★ 그녀(she)도 눈물을 흘린다
1496. burglar [bə́ːrglər] 강도 ★ 버글버글 강도들이

제27장 조동사 II

1497. symbol [símbəl] 상징
1498. shame [ʃeim] 부끄럼, 수치 ★ 셈도 못해 부끄러움 탄다
1499. riddle [rídl] 수수께끼 ★ 니들 수수께끼 풀어봐
1500. fault [fɔːlt] 잘못, 과실 ★ 볼트 수를 잘못 맞췄다
1501. living room 거실
1502. officer [ɔ(ː)fisər] 관리, 공무원
1503. office [ɔ(ː)fis] 관공서, 사무소 ★ 오피스텔을 사무실로 쓰는 모텔
1504. punish [pʌniʃ] 벌하다 ★ 반드시 벌해라
1505. injury [índʒəri] 상처 ★ 언저리에 상처가 나다
1506. injure [índʒər] 상처를 나게 하다
1507. emphasize [émfəsàiz] 강조하다 ★ 엠프의 사이즈를 강조하다
1508. emphasis [émfəsis] 강조
1509. argue [áːrgjuː] 논쟁하다 ★ 아귀다툼으로 논쟁한다
1510. remain [riméin] 남다 ★ 우리만 남는다
1511. demand [dimǽnd] 요구하다 ★ 뒤에 있는 man(남자)도 요구한다
1512. insist [insíst] 주장하다 ★ 안에서(in) 씻었다고 주장한다
1513. command [kəmǽnd] 명령하다 ★ come 와서 and(그리고) 명령한다
1514. commend [kəménd] 칭찬하다 ★ come 와서 end(끝)에 가서 칭찬한다
1515. recommend [rèkəménd] 추천하다 ★ re(다시) 칭찬하며 추천한다
1516. prevent [privént] 방해하다 ★ 미리(pre) 이벤트를 방해하다
1517. prevent A from ~ing: A가 ~하는 것을 방해하다
1518. important [impɔ́ːrtənt] 중요한
1519. necessary [nésəsèri] 필요한 ★ 내서 쓰리 필요한 것을
1520. rational [rǽʃənl] 이성적인, 이성이 있는
1521. amazing [əméiziŋ] 놀라운 ★ 어메 징그럽게 놀라운 거
1522. surprising [sərpráiziŋ] 놀라운 ★ 어메이징도 놀랍고 surprising도 놀라운 것이다
1523. amaze [əméiz] 놀라게 하다
1524. edge [edʒ] 가장자리
1525. shocking [ʃákiŋ] 충격적인
1526. pity [píti] 불쌍히 여김, 동정 ★ 피치 못할 사정에 동정심을 느낀다
1527. It is a pity that ~: ~는 참 유감스런 일이다
1528. disappointed [dìsəpɔ́intid] 실망한 ★ 이(디스) point 점 때문에 실망한다
1529. negative [négətiv] 부정적인 ★ 내가 TV 좀 본다는데 왜 그렇게 부정적이야

1530. criticize [krítisàiz] 비평하다 ★ 그렇다고 사이즈를 비평해?
1531. select [silékt] 선택하다 ★ 실 넥타이로 선택하다
1532. selection [silékʃən] 선택
1533. elect [ilékt] 선출하다 ★ 실렉트는 '선택하다'이고 일렉트는 '선출하다'이다
1534. election [ilékʃən] 선출
1535. chairman [tʃéərmən] 의장 ★ 의자(chair)에 앉아 있는 사람은 의장이다
1536. destroy [distrɔ́i] 파괴하다 ★ 디스(이) 트로이를 파괴해라
1537. destruction [distrʌ́kʃən] 파괴
1538. persuade [pəːrswéid] 설득하다 ★ 벌써 애들을 설득했다
1539. persuasion [pərswéiʒn] 설득
1540. beg [beg] 구걸하다, 간청하다 ★ 백(가방) 들고 구걸한다
1541. beggar [bégər] 거지
1542. prize [praiz] 상
1543. hate [heit] 싫어하다 ★ 해(해로움) 있다고 싫어하다
1544. hatred [héitrid] 증오
1545. thorough [θə́ːrou] 철저한
1546. thoroughly [θə́ːrəli] 철저하게 ★ 쓸으리 철저하게
1547. eraser [iréisər] 지우개 ★ 이래서 지우개가 필요해
1548. material [mətíəriəl] 물질
1549. coast [koust] 해변
1550. soft [sɔːft] 부드러운
1551. get up 일어나다
1552. cousin [kʌ́zn] 사촌 ★ 커진 사촌
1553. anything else 어떤 다른 곳
1554. spell [spel] 철자를 쓰다
1555. dream [driːm] 꿈
1556. flight [flait] 비행
1557. fare [fɛər] 운임 ★ fair(공정한) 운임
1558. conclude [kənklúːd] 결론짓다 ★ 콩쿨대회를 결론짓다
1559. eliminate [ilímənèit] 제거하다, 잘라내다 ★ 1~2미터 잘라냈다
1560. get rid of 제거하다
1561. surface [sə́ːrfis] 표면 ★ 살펴어 표면을
1562. lung [lʌŋ] 폐, 허파 ★ 울렁울렁한다 폐가
1563. conquer [káŋkər] 정복하다 ★ 콩고를 정복하다
1564. conscience [kánʃəns] 양심 ★ 큰 선수가 되려면 양심이 있어야 된다

1565. constantly [kánstəntli] 계속적으로 ★ 큰 선수들이 계속적으로 나온다
1566. neighbor [néibər] 이웃 사람 ★ 네이버(인터넷)를 통해 이웃 사람이 된다
1567. neighborhood [néibərhùd] 이웃
1568. vacation [veikéiʃən] 휴가
1569. role [roul] 역할 ★ roll(구르는) 역할
1570. fantasy [fǽntəsi] 환상 ★ 판타지 소설은 환상 소설
1571. fantastic [fæntǽstik] 환상적인
1572. crab [kræb] 가재
1573. run into 우연히 만나다 ★ 달려 들어오다 우연히 만나다
1574. low [lou] 낮은
1575. war [wɔ:(r)] 전쟁
1576. peace [pi:s] 평화
1577. ghost [goust] 유령 ★ 고우시다 유령이 처녀 귀신?
1578. shake [ʃeik] 흔들다 ★ 밀크쉐이크는 우유 넣고 흔든 것
1579. heaven [hévən] 하늘 ★ 해 보이는 하늘
1580. distant [dístənt] 먼
1581. distance [dístəns] 거리
1582. gentle [dʒéntl] 온화한, 신사적인 ★ 젠틀맨은 신사적인 사람
1583. enemy [énəmi] 적 ★ 왜놈이 적이다
1584. attack [ətǽk] 공격 ★ 어 태클로 공격하네
1585. on time 시간에 맞춰, 정각에
1586. prison [prizn] 감옥 ★ 풀어준 감옥에서
1587. dict '구술하다', '말하다'를 의미하는 접두사
1588. dictionary [díkʃənèri] 사전
1589. dictate [díkteit] 구술하다
1590. dictation [diktéiʃən] 구술
1591. predict [pridíkt] 예언하다 ★ pre(미리) 말하다 즉 예언하다
1592. principal [prínsəpəl] ① 주요한 ② 교장, 장, 회장
　　　　★ 프린스(왕자)가 벌써 ① 주요한 ② 교장이 되었어
1593. remember [rimémbər] 기억하다 ★ 우리 멤버를 기억해라
1594. at once 즉시
1595. patient [péiʃənt] ① 인내심 있는 ② 환자 ★ 편히 쉰다 인내심 있는 환자가
1596. nearly [níərli] 거의
1597. next to ~옆에
1598. danger [déindʒər] 위험

1599. dangerous [déindʒərəs] 위험한 ★ 데인 자리였어 위험했어
1600. forward [fɔ́ːrwərd] 앞으로
1601. design [dizáin] 디자인
1602. borrow [bɔ(ː)rou] 빌리다 ★ 바로 빌려오다
1603. enough [inʌ́f] 충분한, 충분히
1604. scene [siːn] 장면 ★ bed 신은 야한 장면이다
1605. scenery [síːnəri] 경치
1606. moment [móumənt] 순간 ★ 모면한다 순간을
1607. master [mǽstər] ① 주인 ② 지배하다, 숙달하다 ★ 마스터 한다 주인이
1608. station [stéiʃən] 역, 정거장
1609. television station 방송국
1610. mean [miːn] ① 무례한, 비열한 ② 의미하다 ★ 미는 것은 ① 무례한 것을 ② 의미한다
1611. meaning [míːniŋ] 의미
1612. nervous [nəːrvəs] 초조해하는, 긴장한 ★ 널 봤어 초조해하던데
1613. meaningful [míːniŋfəl] 의미깊은
1614. till [tɪl] ~까지 ★ until이나 till이나 ~까지이다
1615. stone [stoʊn] 돌
1616. save [seɪv] ① 구해주다 ② 절약하다
1617. germ [dʒəːrm] 세균 ★ 점 같이 보이는 세균
1618. trip [trip] 여행 ★ 튤립 여행
1619. in front of ~앞에
1620. outside [áutsáid] 밖에
1621. inside [ínsáid] 실내에
1622. nearby [niərbai] 근처에
1623. spend [spend] 사용하다, 소비하다 ★ 새 펜도 사용해 봐
1624. mess [mes] 혼잡 ★ 메스껍다 혼잡해서
1625. oyster [ɔ́istər] 굴 ★ 오이 샀다 굴이랑 먹으려고
1626. fiction [fíkʃən] 소설 ★ 비싼 소설
1627. either A or B: A 또는 B
1628. neither A nor B: A도 아니고 B도 아닌
1629. position [pəzíʃən] 위치
1630. script [skript] 손으로 쓴 필기, 원고
1631. manuscript [mǽnjəskrìpt] 원고
1632. consider [kənsídər] 고려하다, 생각하다
1633. race [reis] ① 민족, 종족 ② 경기 ★ race를 펼친다 종족들이

1634. gloom [gluːm] 어둠, 구름 ★ 그룸이 구름이다
1635. pole [poul] 장대, 막대기
1636. in the end 결국
1637. popular [pápjələr] 유행하는 ★ 포플라 나무는 요즘 유행한다
1638. alike [əláik] 비슷한
1639. drunk [drʌŋk] 술 취한
1640. review [rivjúː] 복습
1641. uniform [júːnəfɔ̀ːrm] 유니폼
1642. uni는 하나, 개체를 의미하는 접두사
1643. unite [juːnáit] 하나로 만들다, 연합하다
1644. unify [júːnəfài] 통일하다
1645. unification [jùːnəfikéiʃən] 통일
1646. unity [júːnəti] 통일, 조화
1647. unit [júːnit] 단위, 개체
1648. unique [juːníːk] 독특한, 유일한
1649. finally [fáinəli] 드디어, 마지막으로
1650. among [əmʌ́ŋ] ~사이에
1651. poem [póuim] 시 ★ for 임을 위한 시
1652. poet [póuim] 시인
1653. wealth [welθ] 부, 재산 ★ well(잘) 써 부를, 재산을
1654. portrait [pɔ́ːrtrit] 초상화 ★ 보여드렸다 초상화를
1655. correct [kərékt] 정확한, 올바른 ★ 가락도 정확하다
1656. tough [tʌf] 거친
1657. rough [rʌf] 거친 ★ 터프나 러프나 거칠기는 마찬가지다
1658. throat [θrout] 목
1659. fit [fit] 적합한 ★ fat는 뚱뚱한 것이고 fit는 적당한 것이다
1660. damage [dǽmidʒ] 재난 ★ 댐이 무너져 재난이다
1661. repair [ripéər] 수리하다 ★ 다시 pair(짝)을 수리하다
1662. horn [hɔːrn] 뿔 ★ 혼났다 뿔에게
1663. international [ìntərnǽʃənəl] 국제적인
1664. foreign [fɔ́(ː)rin] 외국의 ★ four 人(인), 네 명의 인간은 외국인이다
1665. foreigner [fɔ́(ː)rinər] 외국인
1666. turkey [tə́ːrki] 칠면조 ★ 켄터키 치킨은 칠면조 치킨
1667. beyond [bijʌ́nd] 저편에 ★ 비 온다 저편에
1668. warn [wɔːrn] 경고하다 ★ 원(한 번) 경고한다

1669. brain [brein] 두뇌
1670. forest [fɔ(:)rist] 숲 ★ for rest(휴식을 위해) 숲으로 가다
1671. pollute [pəlúːt] 오염시키다 ★ 퍼렇다 오염시켜서
1672. pollution [pəlúːʃən] 오염
1673. vehicle [víːikəl] 차량, 운송 수단 ★ 빗길에 미끄러진다 차량이
1674. huge [hjuːdʒ] 거대한 ★ 어휴 쥐가 거대하다
1675. root [ruːt] 뿌리
1676. charm [tʃɑːrm] 매력 ★ 참 매력적이다
1677. charming [tʃɑ́ːrmiŋ] 매력적인
1678. exhibit [igzíbit] 전시하다 ★ 이것 집어 전시하는 데서
1679. secretary [sékrətèri] 비서 ★ secret(비밀) 다뤄 비서가
1680. twinkle [twíŋkəl] 반짝이다 ★ 두 사람이 윙크를 하는데 눈이 반짝인다
1681. suppose [səpóuz] 생각하다, 가정하다

제28장 가정법

1682. divide [diváid] 나누다, 분할하다
1683. divide A into B: A를 B로 나누다
1684. sail [seil] 항해하다 ★ sale(판매)하러 항해하고 다닌다
1685. scare [skεər] 두렵게 하다 ★ 수캐야 나를 무섭게 한 것이
1686. set up 세우다
1687. secret [síːkrit] 비밀
1688. seashell [siː ʃel] 바다 조개
1689. press [pres] ① ~누르다, 강요하다 ② 출판물, 인쇄
1690. express [iksprés] 표현하다 ★ ex 밖으로 풀어서 표현한다
1691. expression [ikspréʃən] 표현
1692. remind A of B: A에게 B를 생각나게 하다
1693. harvest [háːrvist] 수확, 추수 ★ 과자 하비스트는 곡물을 수확해서 만든다
1694. essence [ésəns] 본질, 정수
1695. valley [væli] 계곡 ★ very 매우 깊은 계곡
1696. awaken [əwéikən] 깨우다
1697. flag [flæg] 깃발
1698. earn [əːrn] 벌다 ★ 언제 버냐?
1699. grateful [gréitfəl] 감사하는 ★ great 대단히 감사합니다
1700. century [séntʃuri] 1세기 ★ 센 tree는 100년 간다
1701. greed [griːd] 욕심, 탐욕 ★ 그리도 욕심이 많을까?
1702. greedy [gríːdi] 욕심많은
1703. loaf [louf] 덩어리 ★ 로프로 덩어리를 묶는다
1704. feather [féðər] 깃털 ★ 빼다 깃털을
1705. calm [kɑːm] 조용한 ★ 캄캄하고 조용하다
1706. educate [édʒukèit] 교육하다 ★ 애 죽겠다 교육하다
1707. education [èdʒukéiʃən] 교육
1708. attempt [əˈtempt] 시도 ★ 아침부터 시도한다
1709. publish [pʌbliʃ] 발표하다, 출판하다 ★ 떠벌리셔 출판하여
1710. bow ① 활 [bou] ② 절하다[bau] ★ 바위에 ① 절하고 ② 활을 쏜다
1711. ankle [æŋkl] 발목
1712. sorrow [sɑ́rou] 슬픔 ★ 서러워 슬퍼
1713. run for ~: ~에 출마하다
1714. environment [inváiərənmənt] 환경

1715. government [gʌ́vərnmənt] 정부 ★ environment를 지켜줘야 한다 government 정부가
1716. grocery [gróusəri] 식료품류, 식료품점 ★ 고루 사리 식료품을
1717. experiment [ikspérəmənt] 실험 ★ experience (경험)많다 실험을 많이 해서
1718. silence [sáiləns] 침묵 ★ 사이렌 소리에 침묵이 깨진다
1719. silent [sáilənt] 조용한
1720. stuff [stʌf] ① 재료, 물질 ② 채우다 ★ 스커트로 덮어라 ① 재료를, 재료로 ② 채우다
1721. fortune [fɔ́ːrtʃən] ① 행운 ② 재산 ★ 봄 춘에는 ① 행운도 오고 ② 재산도 온다
1722. fortunate [fɔ́ːrtʃənit] 행운의
1723. unfortunate [ʌnfɔ́ːrtʃənit] 불행한
1724. inquire [inkwáiər] 조사하다, 질문하다 ★ 안으로 카 조사하게
1725. complete [kəmplíːt] 완전한, 완전하게 하다 ★ 컴 와서 풀렸다 완전히
1726. allow [əláu] 허락하다 ★ 얼라(어린이)들에게도 허락한다
1727. allow A to 부정사: A에게 ~ 하도록 허락하다
1728. allowance [əláuəns] ① 수당, 급여 ② 한도
1729. fence [fens] 울타리
1730. through [θruː] ~을 통하여
1731. past [pæst] 지나간, 과거의
1732. since [sins] ~이래로
1733. lately [léitli] 최근에

제29장 관계 대명사 II

1734. curious [kjúəriəs] 호기심 많은 ★ 퀴리 부인이었어 호기심 많은 여자가
1735. curiosity [kjùəriásəti] 호기심
1736. silly [síli] 어리석은 ★ 비실이가 어리석기도 하다
1737. perfect [pə́ːrfikt] 완벽한
1738. perfection [pərfékʃən] 완전
1739. imperfect [impə́ːrfikt] 불완전한
1740. president [prézidənt] 대통령 ★ 풀어 주던데 대통령이
1741. feed [fiːd] 먹이를 주다
1742. global [glóubəl] 공 모양의, 지구의, 세계적인
1743. globe [gloub] 공, 지구
1744. society [səsáiəti] 사회, 사교
      social [sóuʃəl] 사회적인 ★ 소설이 사회적이다
1745. pouch [pautʃ] 주머니(에 넣다)
1746. regret [rigrét] 후회하다 ★ 니 그랬다 후회할 거야
1747. to the last 끝까지
1748. spirit [spírit] 영, 정신
1749. recent [ríːsənt] 최근의
1750. except [iksépt] ~을 제외하고
1751. desert [dézərt] ① 사막 ② 버리다 ③ 도망가나
      ★ 모든 것을 ① 버리고 ② 사막으로 ③ 도망갔다
1752. dessert [dizə́ːrt] 후식 ★ 사막에 가서 s를 디저트로 하나 더 먹었다
1753. sailor [séilər] 선원 ★ sale하고 다닌다 선원이
1754. amount [əmáunt] 양, 총계~에 달하다 ★ 어마어마하다 총계가
1755. beside [bisáid] ~옆에
1756. develop [divéləp] 발전시키다, 개발하다 ★ 두 배 이롭다 발전시키면
1757. development [divéləpmənt] 발전, 개발
1758. fungus [fʌ́ŋgəs] 버섯, 균류 ★ 빵 구웠어 버섯이나 균류를 넣어서
1759. modern [mádərn] 현대의 ★ 모든 것이 현대적이다
1760. breathe [briːð] 숨쉬다
1761. breath [breθ] 숨, 호흡
1762. sit up all night 밤샘하다
1763. share [ʃɛər] ① 공유하다 ② 할당, 몫 ③ 분배하다 ★ 세어 ① 분배한다 ② 몫을 ③ 공유하도록
1764. focus on ~에 초점을 맞추다

1765. frog [frɔːg] 개구리
1766. habit [hǽbit] 습관, 버릇
1767. full-size 실물 크기의
1768. excel [iksél] 능가하다, ~보다 낫다 ★ 익살이 ~을 능가한다
1769. excellent [éksələnt] 매우 훌륭한, 우수한
1770. general [dʒénərəl] 일반적인, 보통의 ★ 쟤는 늘 일반적인 이야기만 한다
1771. generally [dʒénərəli] 일반적으로
1772. talent [tǽlənt] 재능 ★ 탤런트는 재능이 있어야 한다
1773. escape [iskéip] 달아나다, 도망가다 ★ 이슥해서 도망간다
1774. climate [kláimit] 기후
1775. stray [strei] 길을 잃은
1776. wander [wɑ́ndər] 방황하다 ★ 원더우먼이 방황하다
1777. employ [emplɔ́i] 고용하다 ★ 임씨를 불러 고용한다
1778. pronounce [prənáuns] 발음하다 ★ 프로 아나운서가 발음한다
1779. pronunciation [prənʌ̀nsiéiʃən] 발음
1780. behave [bihéiv] 행동하다 ★ be(있다) have(가지고 있다) 이제는 행동할 때다
1781. behavior [bihéivjər] 행동
1782. orphanage [ɔ́ːrfnidʒ] 고아원 ★ 오픈하지 고아원을
1783. orphan [ɔ́ːrfən] 고아 ★ 오빠는 고아다
1784. tradition [trədíʃən] 전통 ★ 들어두신 전통
1785. particular [pərtíkjələr] 특별한 ★ 파티콜라는 특별하다
1786. treasure [tréʒər] 보물 ★ 틀어쥐어 보물을
1787. affect [əfékt] ~에게 영향을 주다 ★ a fact(하나의 사실)가 영향을 주다
1788. professor [prəfésər] 교수 ★ 프로 중에서 빼서 교수를 삼는다
1789. notice [nóutis] 주의하다, 유의해 보다, 알아채다 ★ 노트에 있어 주의해서 봐
1790. glory [glɔ́ːri] 영광, 명예 ★ 글놀이 좀 했는데 명예를 얻게 됐네
1791. glorious [glɔ́ːriəs] 영광스러운
1792. gaze [geiz] 응시하다 ★ 가재를 응시한다
1793. democracy [dimɑ́krəsi] 민주주의 ★ 데모? 그래서 민주주의라니까
   ★ 데모하랬어 민주주의니까
1794. generous [dʒénərəs] 관대한 ★ 쟤는 늘 왔어 내가 관대하니까
1795. though [ðou] ~이지만
1796. even though ~이지만
1797. although [ɔːlðóu] ~이지만
1798. even if ~이지만

1799. cage [keidʒ] 새장
1800. protect [prətékt] 보호하다 ★ 프로가 댁도 보호해 준다고 했어
1801. protection [prətékʃən] 보호
1802. provide [prəváid] 주다, 제공하다
1803. provide A with B: A에게 B를 제공하다
1804. postpone [poustpóun] 연기하다 ★ 보고 싶은 것을 연기하다
1805. put off 연기하다
1806. beard [biərd] 턱수염 ★ 베어도 턱수염을
1807. terrific [tərífik] 멋진, 훌륭한 ★ 털이 퍽 훌륭하다
1808. produce [prədjúːs] 생산하다 ★ 프로듀서는 프로그램을 생산하는 사람이다
1809. product [prádəkt] 생산품
1810. present [prézənt] ① 참석한 ② 현재의 ③ 선물 제공하다
1811. present A with B = present B to A: A에게 B를 제공하다
1812. get over 극복하다
1813. similar [símələr] 비슷한 ★ 씨와 밀은 비슷하다
1814. A is similar to B: A는 B와 비슷하다
1815. put up with 참다 견디다
1816. economy [ikánəmi] 경제 ★ 니깟 놈이 경제를 알아?
1817. exact [igzækt] 정확한 ★ 이 제트기가 정확하다
1818. reply [riplái] 대답하다
1819. be about to 부정사: 막 ~하려고 하다
1820. community [kəmjúːnəti] 사회, 공동체 ★ communication 의사소통했다 사회니까
1821. storm [stɔːrm] 폭풍 ★ 소돔 성에 폭풍이 분다
1822. temperature [témpərətʃər] 온도
1823. fit [fit] 적합한 ★ fat는 뚱뚱하고 fit는 적합한 것이다
1824. whole [houl] 전체의
1825. quarrel [kwɔ́ːrəl] 싸우다 ★ 칼을 들고 싸우다
1826. chimney [tʃímni] 굴뚝 ★ 치미니 연기가 굴뚝에서
1827. devil [dévl] 악마 ★ 대벌을 받아야 돼 악마는
1828. hero [híːrou] 영웅 ★ here(여기로) 올라오우 영웅이여
1829. fume [fjuːm] 연기, 증기 ★ 피움 연기나 증기를

제30장 분사 구문

1830. direction [dirékʃən] ① 지도, 감독 ② 방향
1831. value [vǽljuː] 가치 ★ 별로 가치가 없다
1832. purse [pəːrs] 지갑
1833. pursue [pərsúː] 뒤쫓다, 추격하다 ★ purse(지갑) 훔친 자를 쫓아간다
1834. keep A from ing: A가 ~하는 것을 못하게 한다
1835. limit [límit] 한계, 한계를 정하다
1836. somewhere [sʌ́mhwèər] 어딘가에
1837. statue [stǽtʃuː] 조각상 ★ 수퇘지 조각상
1838. costume [kástjuːm] 의상, 복장 ★ cost 듦 의상에
1839. population [pàpjəléiʃən] 인구
1840. be accustomed to ~익숙하다
1841. be used to ~에 익숙하다
1842. benefit [bénəfit] 이익 ★ 배나 이익 봤다
1843. solid [sálid] 딱딱한, 고체의 ★ 살리다 딱딱한 것들은 흐물한 것은 죽은 것이고
1844. agriculture [ǽgrikʌltʃər] 농업 ★ 왜 그리 가르쳐 농사를
1845. acknowledge [æknálidʒ] 인정하다 ★ knowledge(지식)이 크다고 인정하다
1846. forbid [fərbíd] 금지하다 ★ 네 번 빌어도 금지한다
    forbid-forbade-forbidden
1847. precious [préʃəs] 값비싼 ★ 팔으셨어 값비싼 것을
1848. lawyer [lɔ́ːjər] 변호사 ★ 놓여 변호사 덕분에
1849. law [lɔː] 법 ★ lawyer(변호사)가 다루는 법
1850. philosophy [filásəfi] 철학 ★ 비로소 피어나는 철학
1851. effect [ifékt] 효과, 결과 ★ 이 fact가 효과가 있다
1852. graze [greiz] 풀을 뜯어 먹다, 방목하다
1853. tiny [táini] 작은 ★ 타인이 작아 보인다 자기는 커 보이고?
1854. adult [ədʌ́lt] 성인 ★ 애들도 성인이 된다
1855. normal [nɔ́ːrməl] 정상적인, 보통의 ★ 놈을 정상적인 보통 놈을
1856. abnormal [æbnɔ́ːrməl] 비정상적인
1857. depend on ~에 의존하다
1858. mansion [mǽnʃən] 대저택
1859. mention [ménʃən] 언급하다, 말하다 ★ 맨손으로 말만 한다
1860. detest [ditést] 싫어하다 ★ 뒤에서 테스트하는 것을 싫어한다
1861. protest [prətést] 반대하다 ★ 프로는 테스트를 반대한다

1862. impact [ímpækt] 충격 ★ 임이 팩 하고 죽어서 충격이다
1863. mayor [méiər] 시장, 읍장 ★ May(5월)이여 시장 선거가
1864. archery [άːrtʃəri] 궁도, 활쏘기 ★ 아쭈리 활쏘기 잘하는데
1865. invade [invéid] 침입하다 ★ 배 안으로도 침입한다
1866. fort [fɔːrt] 요새, 성채 ★ 포(대포)도 있다 요새에
1867. effort [éfərt] 노력 ★ 애가 fort 쌓으려고 노력한다 ★ 애벌레도 노력한다
1868. comfort [kʌ́mfərt] 위로하다 ★ fort(요새)에 come 와서 위로한다(위문 공연 왔나?)
1869. comfortable [kʌ́mfərtəbəl] 편안한, 안락한
1870. make efforts 노력하다
1871. university [jùːnəvə́ːrsəti] 대학 ★ 윤희는 벌었다 대학 가서
1872. shape [ʃeip] 모양 ★ 새 입 모양
1873. in good shape 건강이 좋은
1874. pour [pɔː(r)] 붓다 ★ 포(퍼) 붓다
1875. shelter [ʃéltər] 휴식처, 피난처 ★ 쉘테야 휴식처에서
1876. chimney [tʃímni] 굴뚝 ★ 치미니 연기가 굴뚝에서
1877. license [láisəns] 면허증 ★ 나이를 쓴 면허증
1878. used to 부정사: ~하곤 했다
1879. bomb [bɑːm] 폭탄, 폭탄을 투하하다 ★ 밤에 폭탄을 투하해라
1880. look forward to ~을 고대하다
       (※ to는 전치사임, 그러므로 다음에 동명사나 명사가 와야 함)
1801. blossom [blάsəm] 꽃
1882. stop A from ing: A가 ~하는 것을 못하게 하다
1883. sweep [swiːp] 청소하다 ★ 수입을 올린다 청소해서
1884. ambition [æmbíʃən] 야심, 야망 ★ MBC에선 야심작을 내놓았다
1885. ambitious [æmbíʃəs] 야심에 찬, 야망의
1886. judge [dʒʌdʒ] 판사, 판단하다 ★ 졌지? 판사가 판단할 때
1887. exhausted [igzɔ́ːstid] 지친, 다 써버린 ★ 이것 좆으시다 지쳤다
1888. come up with 어떤 생각이 떠오르다
1889. appetite [ǽpitàit] 식욕 ★ 아팠다 식욕이 없다
1890. appetizer [ǽpitàizər] 식욕을 돋우는 음식
1891. foretell [fɔːrtél] 예고하다, 예언하다 ★ 호텔에서 예언했다
1892. envelope [énvəlòup] 봉투(로 봉하다) ★ develope 발전한다 envelope 봉투 받는 기술도
1893. volcano [vɔlkéinou] 화산 ★ 불을 캐노? 화산에서
1894. adjust [ədʒʌ́st] 조정하다 ★ 어! just 단지 조정하려고 한 것뿐인데

1895. ruin [rúːin] 파멸시키다, 황폐시키다 ★ 루이는(프랑스왕) 파멸시킨다
1896. pan [pæn] 납작한 냄비 ★ 팬케이크는 납작한 냄비에 구운 케이크
1897. span [spæn] 한 뼘
1898. experiment [ikspérəmənt] 실험 ★ experience(경험) 많다 실험을 많이 해서
1899. disgusting [disgʌstiŋ] 혐오스러운, 역겨운 ★ 이것을 튕겨 내세요 혐오스러우니까
1900. confuse [kənfjúːz] 혼란스럽게 하다 ★ 큰 소란 피우지 즉 혼란스럽게 하지
1901. attract [ətrǽkt] 끌다, 잡아 당기다 ★ 어 트랙터가 잡아끈다
1902. attractive [ətrǽktiv] 매력적인, 끄는 힘이 있는
1903. distract [distrǽkt] 흩어지게 하다 ★ attract는 끄는 것이고 distract는 흩어지게 하는 것이다
1904. cottage [kátidʒ] 시골집, 작은 집 ★ 같이 자 오두막집에서
1905. bit [bit] 소량, 한 조각 ★ 비트(서양 무) 한 조각만 주세요
1906. diligent [dílədʒənt] 부지런한 ★ 들리지 않는다 부지런히 일하다 보면
1907. as soon as ~하자마자
1908. propose [prəpóuz] 제안하다
1909. author [ɔ́ːθər] ★ 오셔 저자가
1910. practice [prǽktis] 연습하다 ★ 부락 뒤에서 연습한다
1911. loose [luːs] 매지않은, 풀린, 헐거운 ★ 루스벨트는 헐거운 벨트를 찼다
1912. wave [weiv] 파도, 파도치다, 손을 흔들다
1913. harm [hɑːrm] 해
1914. harmful [hɑ́ːrmfəl] 해로운 ★ 함부로 하면 해롭다
1915. mercy [mə́ːrsi] 자비 ★ 말씨가 자비롭다
1916. merciful [mə́ːrsifəl] 자비로운
1917. instruct [instrʌ́kt] 교훈하다, 가르친다 ★ 인수가 트럭도 가르친다
1918. instruction [instrʌ́kʃən] 훈련, 교육, 교훈
1919. instructive [instrʌ́ktiv] 교훈적인
1920. temple [témpəl] 신전, 사당
1921. press [pres] ① 누르다, 압력을 가하다 ② 인쇄하다
1922. pressure [préʃər] 압박, 압력
1923. compress [kəmprés] 압축하다 ★ press는 모두 누르거나 하방 압력을 가하는 것이다
1924. impress [imprés] 감명을 주다, 인상을 강하게 남기다
    ★ express 표현하여 impress 감명을 준다
1925. suppress [səprés] 억압하다
1926. repress [riprés] 억누르다 ★ suppress나 repress나 모두 억압하는 것이다
1927. oppress [əprés] 억압하다
1928. express [iksprés] ① 표현하다 ② 급히 보내다 ★ ex 밖으로 풀어서 표현한다

1929. expression [ikspréʃən] 표현
1930. pain [pein] 고통 ★ 폐인 됐다 고통을 겪는다
1931. advertise [ǽdvərtàiz] 광고하다 ★ 애드벌룬 타야지 광고하려면
1932. spank [spæŋk] 손바닥으로 찰싹 때리다 ★ span 한 뼘 손바닥으로 크 찰싹 때렸다
1933. scholar [skálər] 학자 ★ 스콜라 철학자
1934. fasten [fǽsn] 꽉 죄다, 묶다 ★ fast 빠르게 하기 위해 꽉 죄었다 헐거우면 느려진다
1935. grain [grein] 낟알, 곡물 ★ 그 rain이 곡물을 키운다
1936. remove [rimúːv] 제거하다 ★ re-move 다시 움직이면 제거하겠다
1937. region [ríːdʒən] 지역, 지방 ★ 이전했다 어떤 지역으로
1938. genius [dʒíːnjəs] 천재성 ★ 지녔어 천재성을
1939. microphone [máikrəfòun] 마이크, 확성기
1940. concentrate [kánsəntrèit] 집중하다 ★ 큰 산에 들어갔다 집중하려고
1941. achieve [ətʃíːv] 달성하다, 수행하다 ★ 어찌 부를 달성하리(청렴한 선비가 하는 말)
1942. galaxy [gǽləksi] 은하수
1943. flee [fli] 달아나다, 도망가다 ★ free(자유)를 찾아 도망가다
1944. parcel [páːrsəl] 꾸러미, 소포 ★ 파스를 왜 소포 꾸러미에 붙이냐?
1945. scream [skriːm] 비명을 지르다 ★ 아이스크림 먹고 비명을 지른다
1946. numerous [njúːmərəs] 수많은, 다수의 ★ 너무 많았어 즉 수많은
1947. obstacle [ábstəkəl] 장애물 ★ 앞에서 턱 걸린 장애물
1948. consume [kənsúːm] 소비하다 ★ 콘(옥수수)을 숨어서 소비하다
1949. consumption [kənsʌ́mpʃən] 소비
1950. converse [kənvəːrs] ① 대화를 나누다 ② 거꾸로의, 역방향의
    ★ 큰 버스 안에서 ① 대화를 나누고 있는데 버스가 ② 거꾸로 간다
1951. reverse [rivəːrs] 거꾸로 가다, 거꾸로의 ★ 이 버스도 거꾸로 가네
1952. conversation [kànvərséiʃən] 대화

제31장 동명사 II

1953. cautious [kɔ́ːʃəs] 신중한, 조심하는 ★ 꼬셨어 조심해라
1954. expert [ékspəːrt] 전문가, 숙달된 ★ 엑스포도 전문가가 한다
1955. rob [rɑb] 강탈하다 ★ 랍비가 강탈한다
1956. rob A of B: A에게 B를 강탈하다
1957. result [rizʌ́lt] 결과
1958. as a result of ~의 결과로서
1959. ancient [éinʃənt] 고대의, 옛날의
1960. rapid [rǽpid] 빠른 ★ 내 피도 빠르게 돈다
1961. feel like ~ing ~하고 싶다
1962. protest [prətést] 저항하다, 반대하다 ★ 프로는 테스트를 반대한다
1963. spicy [spáisi] 향신료를 넣은
1964. creek [kriːk] 시내, 샛강 ★ 그리 크지 않는 샛강
1965. shadow [ʃǽdou] 그림자, 그늘 ★ 쇄도하다 그늘로
1966. mammal [mǽməl] 포유동물 ★ 매몰된 포유동물
1967. tumble [tʌ́mbəl] 굴러떨어지다, 엎드러지다 ★ 덤블링은 구르는 운동이다
1968. stumble [stʌ́mbəl] 비틀거리다, 넘어지다 ★ tumble 굴러떨어졌다, stumble 비틀거리다가
1969. curtail [kəːrtéil] 잘라내다, 짧게 줄이다 ★ 거 tail 꼬리를 좀 잘라내라
1970. participate [pɑːrtísəpèit] 참가하다 ★ 파티에서 팼다 참가해 보니
1971. perfume [pə́ːrfjuːm] 향기, 향기를 풍기다 ★ fume(증기)처럼 향기를 풍기다
1972. current [kə́ːrənt] 현재의, 통용되고 있는 ★ 가련다 현재대로
1973. cattle [kǽtl] 소(떼) ★ cat들이 소떼를 몬다
1974. prey [prei] 사냥감 ★ play한다 사냥감을 가지고
1975. contrary [kántreri] 반대의 ★ 관둬라 반대하려면
1976. on the contrary 도리어, 이에 반하여
1977. depart [dipɑ́ːrt] 출발하다 ★ 뒤 파트가 출발한다
1978. request [rikwést] 요청(하다) ★ 이 게스트가 요청한다
1979. source [sɔːrs] 근원, 출처 ★ 이 소스의 원천이 뭘까?
1980. resource [ríːsɔːrs] 자원, 수단
1981. crash [krǽʃ] 충돌, 쾅 소리를 내며 부딪치다 ★ 크 rash(성급하게) 굴다 쾅하고 충돌한다
1982. supply [səplái] 공급하다 ★ 서볼래요? 공급해 줄 테니
1983. supply A with B: A에게 B를 공급하다
1984. survival [sərváivəl] 생존
1985. realize [ríːəlàiz] 실현하다, 실감하다, 깨닫다

1986. guilty [gílti] 유죄의 ★ 길에서도 티가 나 죄 지은 사람은
1987. apologize [əpálədʒàiz] 사과하다 ★ 앞으로 잘하자 사과하고
1988. for instance 예를 들면
1989. for example 예를 들어
1990. survive [sərváiv] 보다 더 생존하다
1991. bother [báðər] 괴롭히다 ★ brother가 r을 뺐다고 괴롭힌다
1992. freeze [fri:z] 얼다 ★ 뿌리자 언다
1993. waste [weist] 낭비하다 ★ 왜 이스트를 낭비하냐?
1994. be sure to 부정사: 틀림없이 ~하다
1995. prefer A to B: B보다 A를 더 좋아하다
1996. suggest [səgdʒést] 제안하다 ★ 써 주셨다 제안하고 나서
1997. tremble [trémbəl] 떤다 ★ 드럼이 불나게 떤다
1998. appreciate [əpríːʃièit] ① 감사하다 ② 감상하다
  ★ 옆으로 나와 쉬라고 했다 ① 감상이나 하며 ② 감사해야지
1999. flea market 벼룩 시장
2000. operate [ápərèit] ① 작용하다, 움직이다 ② 수술하다
2001. eager [íːgər] 열망하는 ★ 익어 가기를 열망한다
2002. be eager to 부정사: ~하기를 열망한다
2003. lonely [lóunli] 외로운 ★ 로운리 외로운 이
2004. consist of ~으로 이루어지다, ~로 구성된다 ★ 큰 시스터들로 이루어지다
2005. not only A but also B: A뿐만 아니라 B도
2006. bitter [bítər] 쓴, 쓰라린 ★ 뱉어 쓰면
2007. myth [miθ] 신화 ★ 믿소? 신화를
2008. detail [díːteil] 상세, 세부 사항 ★ 뒤 tail(꼬리)에 대해 세부 사항을 말하라
2009. in detail 자세하게, 상세히
2010. appear [əpíər] 나타나다 ★ 앞에 나타나다
2011. disappear [dìsəpíər] 사라지다 ★ 뒤 숲에 사라지다
2012. monument [mánjəmənt] 기념비, 기념물 ★ 많아 많다 기념비들이
2013. spread [spred] 퍼지다, 펴다 ★ 스프레이도 퍼진다
2014. creep [kri:p] 기어가다 ★ 그리 입구로 기어가라
2015. stream [stri:m] 시내, 개울 ★ 물수(水) 소리 들림 시내에서
2016. delay [diléi] 연기하다, 늦추다
2017. equip [ikwíp] 장비를 갖추어 주다 ★ 이 킵에게(키퍼에게) 장비를 갖추어 주어라
2018. equip A with B: A에게 B를 갖추어 주다
2019. equipment [ikwípmənt] 장비, 준비

2020. purpose [pə́ːrpəs] 목적 ★ 버~ 벌써 목적을 달생했어!(놀랍다)
2021. jewel [dʒúːəl] 보석 ★ 주워 올 보석을
2022. challenge [tʃǽlindʒ] 도전하다 ★ 제일인지 알고 도전하다
2023. encounter [enkáuntər] 우연히 만나다 ★ 카운터에서 우연히 만나다
2024. mend [mend] 수선하다 ★ 맨들고 수선하다
2025. progress [prágres] 진보하다 ★ 프로는 그래서 진보한다
2026. ancestor [ǽnsestər] 조상 ★ 안 쓰셨다 조상들은
2027. blame [bleim] 비난하다 ★ 불러 네임을 그리고 비난한다
2028. desolate [désəlit] 황폐한, 황량한 ★ 다 쓸렸다 황폐한 곳이 되었다
2029. ceremony [sérəmòuni] 의식 ★ 새어머니가 의식을 행한다
2030. greet [griːt] 인사하다 ★ 그리웠다 인사했다
2031. merchant [məːrtʃənt] 상인 ★ 뭘 준다 상인에게
2032. accurate [ǽkjərit] 정확한 ★ 애를 키우랬다 정확한 방법으로
2033. evolution [èvəlúːʃən] 진화 ★ 애벌레에선 진화한다
2034. seldom [séldəm] 거의 ~가 아닌 ★ 샐 틈이 거의 없다
2035. absurd [əbsəːr] 불합리한 ★ 어불성설도 불합리하다
2036. bulletin [búlətin] 게시판, 게시 ★ 부러뜨린 게시판
2037. approve [əprúːv] 승인하다, 인정하다 ★ 어(한번) 풀어보고 인정한다, 승인한다

2부
문장 구조편

제11장 조동사 Ⅰ

unit 1 개념

핵심 1. 조동사의 뜻과 종류

조동사	뜻	예문
will	~ 할 것이다.	I will take you to the hospital. 나는 너를 병원에 데리고 가겠다.
can	~ 할 수 있다.	I can bring two buckets of hot water. 　　　　　　　　두 양동이 나는 뜨거운 물 두 양동이를 가져올 수 있다.
must	① ~해야 한다 ② ~임에 틀림없다.	① You must study hard to pass the exam. 　　너는 시험에 합격하기 위해 열심히 공부해야 한다. ② He must be false. 그가 틀렸음에 틀림없다.
shall	~일 것이다.	I shall be there tomorrow. 나는 내일 거기에 있게 될 것이다.
should	~ 해야 한다. ※ must보다는 약함	You should be kind to old people. 너는 노인들에게 친절해야 한다.
may	① ~해도 좋다(허락) ② ~일지도 모른다(추측)	① She may go out at night. 　　그녀는 밤에 외출해도 된다. ② He may be sick in bed. 　　그는 아파서 누워있을지 모른다.
① may be ② must be	① ~일지도 모른다. ② ~임에 틀림없다	① He may be a driver. 　　그는 운전수일지도 모른다. ② He must be a driver. 　　그는 운전수임에 틀림없다.

확인 문제 1

알맞은 조동사로 밑줄을 채우세요.

1. She c_____ solve the problem. 그녀는 그 문제를 풀 수 있다.
2. I w_____ begin to work at 6. 나는 여섯 시에 일을 시작하겠다.
3. You m_____ go to bed early. 일찍 자야 한다.
4. She s_____ begin before noon. 그녀는 정오 이전에 시작해야 한다.
5. The rumor m_____ be true. 그 소문은 사실일지도 모른다.
6. I s_____ be in the mountains next month.
   나는 다음 달에는 산속에 있게 될 것이다.
7. He m_____ be sick. 그가 아픈 것임에 틀림없다.
8. I _____ take you _____ the hospital. 나는 너를 병원에 데리고 가겠다.
9. I _____ b_____ a dog. 나는 개 한 마리를 가져올 수 있다.
10. You _____ run _____ catch the first bus.
    첫 버스를 타기 위해 빨리 달려야 한다.
11. You _____ sleep now. 너는 지금 잠을 자도 좋다.
12. He _____ _____ a teacher. 그는 선생님일지도 모른다.
13. He _____ _____ a teacher. 그는 선생님임에 틀림없다.
14. She _____ _____ out _____ night. 그녀는 밤에 외출해도 좋다.
15. You _____ _____ a driver. 너는 운전수임에 틀림없다.
16. You _____ _____ a driver. 너는 운전수일지도 모른다.

핵심 2. 조동사의 과거형

현재형	과거형
will	would
must	must *현재형과 과거형이 동일함
should	should
may	might
can	could
shall	should ※ shall과 should는 형태상 현재형, 과거형이지만 의미는 거의 관련이 없다. 별개로 뜻을 외운다.

핵심 3. 조동사 뒤에는 항상 동사 원형을 쓴다.

예) She should <u>waits for</u> two hours. (X)
그녀는 두 시간 동안 기다려야 한다.
She should <u>wait for</u> two hours. (O)

핵심 4. 조동사의 부정은 '조동사 + not'이다

예 1) You <u>must not</u> climb a wall. 너는 벽에 올라가서는 안 된다.
~해서는 안 된다.
예 2) We cannot live <u>without</u> air. 우리는 공기 없이 살 수 없다.
~없이

핵심 5. 조동사 부정의 축약형

축약되기 전	축약형
will not	won't
can not	can't
could not	couldn't
would not	wouldn't
should not	shouldn't
must not	mustn't

unit 2 조동사의 활용

핵심 6. ① You must come back <u>by</u> 5. 너는 5시까지는 돌아와야 한다.
~까지

② You must stay in the library <u>until</u> 5. 너는 도서관에서 5시까지 머물러야 한다.
~까지

※ by는 5시 안에만 돌아오면 되는 것이고, until은 5시까지 계속 머무르는 것이다.

핵심 7. ① A: I am happy at the news. 나는 그 소식에 기쁘다.
B: So am I. 나도 그래. 또는 So is she. 그 여자도 그래.
② A: I like her. 나는 그녀를 좋아한다.
B: So do I. 나도 그렇다.
※ do는 like 대신에 쓴 대동사
③ A: I like her. 나는 그녀를 좋아해
B: So does he. 그도 그녀를 좋아하는데.
※ 여기서는 주어가 3인칭 단수(he)이므로 대동사는 does이다.

핵심 8. I usually read magazines on the bus. 나는 주로 버스에서 잡지들을 읽는다.

※ ① usually, often, sometimes, always 같은 빈도 부사는 be동사나 조동사 다음에 일반 동사 오기 전에 쓴다. (★ 연상: 조다)
② on the bus 버스 안에서

확인 문제 2

다음 밑줄을 채우세요.

1. will의 과거형은? _____
2. may의 과거형은? _____
3. can의 과거형은? _____
4. You should wait _____ two hours. 너는 두 시간 동안 기다려야 한다.
5. will not의 준말? _____
6. can not의 준말? _____
7. would not의 준말? _____
8. You m_____ come back _____ five. 너는 5시까지는 돌아와야 한다.
9. A: I am happy _____ the news. 나는 그 소식에 기쁘다.
   B: _____ _____ I. 나도 그래.
10. A: I u_____ read magazines _____ the bus. 나는 주로 버스에서 잡지를 읽는다.
    B: _____ _____ I. 나도 그래.
    C: _____ _____ he. 그도 그래.

확인 문제 3

다음 중 어색한 표현을 찾아 고치세요. (고칠 필요 없는 문장은 두 개 있다.)

1. He must takes medicine to cure cold.
2. You not should make a noise in the museum.
3. She can't reads a map.
4. You ought clean your room.
5. I couldn't slept well last night because of mice.
6. You must not meet such an unkind man.
7. You shouldn't met her.
8. She may uses my cellphone.
9. You should speak to your parents kindly.
10. I willn't do anything for him.
11. You should stay in the museum by 11.
12. He must come back until midnight.
13. I can't catch the first train yesterday.
14. A: I like math. B: So am I.
15. A: I am sad at the news. B: So do I.
16. A: I hates him. B: So do she.

핵심 9. 조동사와 주어의 자리를 바꾸면 의문문이 된다.

예) You can stay here until six. (평서문)
너는 6시까지 여기서 기다릴 수 있다.
Can you stay here until six? (의문문)
  ~까지

핵심 10. Will you get me a cup of water? 물 한 잔 갖다주시겠어요?

※ get + 사람 + 무엇: 누구에게 무엇을 가져다주다.

= Would you get me a cup of water?

※ Would you ~?(= Will you ~?): ~해 주시겠어요?

핵심 11. A: May I know your phone number? 너의 전화번호를 알 수 있니?

※ May I ~?(= Can I ~?): ~해도 되니?

B: Yes, you may. 또는 No, you may not.

unit 3 조동사와 유사한 표현들

핵심 12. need는 조동사처럼도 쓰이고 일반 동사처럼도 쓰인다.

예) You need not come back. (조동사처럼 쓰인 경우)
You don't need to come back. (일반 동사처럼 쓰인 경우)
※ need 뒤에 not 을 붙여 부정문을 만들면 조동사처럼 쓴 것이고
need 앞에 don't 를 붙여 부정문을 만들면 일반 동사처럼 쓰인 것이다.(둘 다 가능)

핵심 13. You <u>have to</u> study <u>until</u> 10 p. m. 너는 오후 10시까지 공부해야 한다.
　　　　　　　　　　　　　 ~까지
※ have to + 동사 원형: ~해야 한다. (= must)
주어가 3인칭 단수: has to + 동사 원형
과거일 때: had to + 동사 원형

핵심 14. You <u>don't have to</u> hurry up. 너는 서두를 필요가 없다.
　　　　　　 ~할 필요가 없다.
= You need not hurry up.

핵심 15. <u>Does he have to</u> solve this problem. 그가 이 문제를 풀어야만 하니?
※ have to의 의문문: 일반 동사 때처럼 문장 앞에 do나 does를 붙인다.

핵심 16. He <u>is going to</u> move to a new apartment. (평시문)
그는 새로운 아파트로 이사를 가려고 한다.
※ be going to 동사 원형: ~하려고 한다. (= will)
Is he going to move to a new apartment? (의문문)
※ be 동사가 있는 문장은 언제나 예외 없이 be 동사가 앞으로 나가면 의문문이 된다.

핵심 17. You <u>are able to</u> cross the river. (평서문)
너는 강을 건널 능력이 있다
※ be able to 동사 원형: ~ 능력이 있다. (= can)
Are you able to cross the river? (의문문)

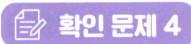

확인 문제 4

밑줄 위에 적합한 말을 써 넣으세요.

1. She _____ to move a small apartment. 그녀는 작은 아파트로 이사해야 한다.
2. You _____ to be frank. 너는 솔직해야 한다.
3. They are _____ to send a gift to you. 그들은 너에게 선물을 보내려고 한다.
4. I am _____ to direct you as a teacher.
   나는 선생님으로서 너에게 지시할 수 있다.
5. _____ you have to leave now? 너 지금 떠나야만 하니?
6. _____ you going to have lunch with him. 너 그와 함께 점심 먹으려고 하니?
7. _____ he _____ to enter the college? 그는 대학에 들어가야만 하니?
8. He is _____ able to win the game. 그는 게임에서 이길 수 없다.
9. He doesn't _____ _____ hurry up to catch the first train.
   첫 열차를 타기 위해 그는 서두를 필요가 없다.
10. You _____ not invite them. 너는 그들을 초대할 필요가 없다.
11. _____ stay here _____ six. 너는 6시까지 여기에 머물 수 있니?
12. _____ you get _____ a _____ _____ juice? 저에게 주스 한 잔 갖다주시겠어요?
13. A: _____ I know your phone number? 당신의 전화번호를 알려 주시겠어요?
    B: Yes, _____ _____. No, _____ _____ _____.
14. You need _____ hurry up. 너는 서두를 필요가 없다.
15. You don't _____ _____ hurry up. 너는 서두를 필요가 없다.
16. You _____ to study _____ 10. 너는 열 시까지 공부해야 한다.
17. You _____ to study _____ 10. 너는 열 시까지 공부해야만 했다. (과거형)
18. She _____ to study hard. 그녀는 열심히 공부해야 한다.
19. You _____ have _____ get up early. 너는 일찍 일어날 필요가 없다.
20. _____ he _____ solve this problem? 그가 이 문제를 풀어야만 하니?
21. _____ you _____ to leave me? 너는 나를 떠나야만 하니?
22. A: _____ I like you? 내가 너를 좋아해도 되니?
    B: No, you _____ _____.
23. He is _____ _____ move to Seoul. 그는 서울로 이사 가려고 한다.
24. _____ _____ _____ to move to Seoul? 그는 서울로 이사를 가려고 하니?
25. She _____ able to swim. 그녀는 수영할 수 있다.
26. _____ _____ able _____ swim? 그녀는 수영할 수 있니?

핵심 18. usually 주로, 대개, often 종종, sometimes 때때로, never ~이 아닌 등과 같은 부사를 빈도 부사라고 하는데 위치는 be 동사나 조동사 다음, 일반 동사 오기 전이다.

예 1) I usually have breakfast at 7: 30.
    나는 주로 7:30에 아침을 먹는다.
예 2) You can sometimes go out with my puppy.
    너는 때때로 나의 강아지와 함께 외출해도 좋다.

확인 문제 5

어순을 바로 잡아 문장을 완성하세요.

1. (car, go, by, we, usually).
2. (me, to, writes, he, sometimes).
3. (often, damp, are, old houses).

제11장 모범 답안

확인 문제 1

1. can 2. will 3. must 4. should 5. may 6. shall 7. must
8. will, to 9. can, bring 10. must(should), fast, to 11. may
12. may, be 13. must, be 14. may, go, at 15. must, be 16. may, be

확인 문제 2

1. would 2. might 3. could 4. for 5. won't 6. can't 7. wouldn't
8. must, by 9. at, So, am 10. usually, on, So, do, So, does

확인 문제 3

1. He must take medicine to cure cold.
2. You should not make a noise in the museum.
3. She can't read a map.
4. You ought to clean your room.
5. I couldn't sleep well last night because of mice.
6. 고칠 곳이 없다.
7. You shouldn't meet her.
8. She may use my cellphone.
9. 고칠 곳이 없다.
10. I won't do anything for him.
11. You should stay in the museum until 11.
12. He must come back by midnight.
13. I couldn't catch the first train yesterday.
14. A: I like math. B: So do I.
15. A: I am sad at the news. B: So am I.
16. A: I hate him. B: So does she.

확인 문제 4

1. has 2. have 3. going 4. able 5. Do 6. Are 7. Does, have
8. not 9. have, to 10. need 11. Can, you, until
12. Would(Will), me, glass, of 13. May, you, may, you, may, not
14. not 15. have, to 16. have, until 17. had, until 18. has
19. don't, to 20. Does, have, to 21. Do, have 22. May, may, not
23. going to 24. Is, he, going 25. is 26. Is, she, to

확인 문제 5

1. We usually go by car.
2. He sometimes writes to me.
3. Old houses are often damp.

제12장 의문사

unit 1 기본 의미

핵심 19. 의문사들의 기본 의미 암기

who	누가
when	언제
where	어디서
what	무엇을
how	어떻게
why	왜
whose	① 누구의 ② 누구의 것
whom	누구를
which	어느 것

확인 문제 1

다음 밑줄을 영어로 채우세요.

① 누가 → _____
② 언제 → _____
③ 어디서 → _____
④ 무엇을 → _____
⑤ 어떻게 → _____
⑥ 왜 → _____
⑦ 누구의, 누구의 것 → _____
⑧ 누구를 → _____
⑨ 어느 것 → _____

unit 2 의문사 who와 what

핵심 20. A: Who is this lady? 이 아가씨는 누구냐?
B: She is my sister. 그녀는 나의 여동생이다.

※ 의문사로 질문할 때는 Yes나 No로 답하지 않는다.

핵심 21. A: What's this? 이것은 무엇입니까?
B: It's a pill. 그것은 알약이다.

※ this로 물어보면 it으로 답한다.

핵심 22. ① A: <u>What color</u> do you like best? 너는 어떤 색을 가장 좋아하니?
B: I like blue best. 나는 파란색을 제일 좋아한다.
② A: <u>What sport</u> does he like best? 그는 어떤 운동을 제일 좋아하니?
B: He likes baseball. 그는 야구를 좋아해.

핵심 23. A: What are you? 당신의 직업은 무엇입니까?

※ What으로 물어보면 직업을 물어보는 것이다.

B: I am an engineer. 나는 엔지니어이다.

핵심 24. A: <u>What day</u> is today? 오늘은 무슨 요일이니?
B: Today is Sunday. (= It's Sunday) 오늘은 일요일이다.

핵심 25. A: <u>What time</u> is it now? 지금 몇 시입니까?
B: It's seven o'clock. 7시입니다.

확인 문제 2

다음 밑줄을 적당한 단어로 채우세요.

1. A: _____ are you? B: I am Jane.	
2. A: Who is this ugly woman? B: _____ is my girlfriend.	
3. A: _____ this? B: It is an egg.	
4. A: _____ sport do you like best? B: I like soccer best.	
5. A: _____ apple is red? B: His apple is red.	
6. A: _____ day is today? B: It's Sunday.	
7. A: _____ sheep did you hit? B: I hit your sheep.	
8. A: _____ time is it now? B: _____ ten o'clock.	
9. A: _____ does your mother do? B: She is a cook.	

핵심 26. A: <u>Whose sheep</u> did you sell? 너는 누구의 양을 팔았니?

　　※ whose sheep과 did you sell?이 결합된 형태인데 의문사가 붙은 구는 항상 문장 앞으로 간다.

　B: I sold my sheep. 나의 양을 팔았다.

핵심 27. A: What does your mother do? 너의 어머니의 직업은 뭐니?
　B: She is a science teacher. 과학 선생님이시다.

핵심 28. A: <u>To whom</u> did you write a letter? 너는 누구에게 편지를 썼니?

　　※ 'to whom'과 'did you write a letter?'가 결합된 형태인데 의문사 덩어리는 항상 문장 앞에 온다.

　B: I wrote a letter to my dad 나는 아빠에게 편지를 썼다.

　　※ write 무엇 + to + 누구: 누구에게 무엇을 쓰다.

핵심 29. A: <u>With whom</u> did you dance? 당신은 누구와 춤을 추었습니까?

※ 전치사 뒤에는 항상 목적격인데 who의 목적격은 whom, 의문사 덩어리는 항상 문장 앞에 온다.

B: I danced with my wife. 나의 아내와 춤을 추었다.

핵심 30. A: What <u>are</u> you <u>going to</u> do tomorrow. 내일 너는 무엇을 하려고 하니?

※ 'Are you going to do 너는 하려고 하니?'에 의문사 what이 결합된 형태인데 의문사는 언제나 항상 문장 앞에 온다.

B: I am going to <u>go</u> f<u>ish</u>i<u>ng</u> tomorrow. 낚시를 가려고 한다.

※ go ~ing ~하러 간다.

핵심 31. A: <u>What do you think of</u> the movie? 그 영화에 대해 어떻게 생각하니?

※ What do you think of: ~에 대해 어떻게 생각하니? (숙어처럼 그냥 외운다)

B: I think it is interesting. 흥미롭다고 생각한다.

핵심 32. ① A: <u>What kind of car</u> are you interested in? 어떤 종류의 차에 관심이 있니?

※ 'Are you interested in? 너 관심이 있니?'와 'What kind of car 어떤 종류의 차'가 결합된 형태인데 의문사 덩어리가 앞으로 간다고 생각한다.

　B: I <u>am interested in</u> sports car.

※ be interested in: ~에 관심이 있다

② A: <u>What kind of food</u> do you like most?

※ 역시 'do you like most? 너 가장 좋아하니?'와 'what kind of food 무슨 종류의 음식'이 결합된 형태인데 의문사 덩어리는 앞으로 간다.

B: I like fruits. 나는 과일을 좋아해.

핵심 33. A: What is the weather like there? 거기 날씨가 어떠냐?(= 직역하면 무엇과 같으냐?)

※ A is like B: A와 B는 비슷하다.

　= How is the weather there?

※ 뒤에 like가 있으면 what이고 없으면 How이다.

B: It's very cold here. 매우 춥다

핵심 34. What's up? 무슨 일이니? or 안녕(인사말)

핵심 35. A: What's wrong with you? 무슨 안 좋은 일이라도 있니?
B: Nothing special. 특별한 것은 없어.

핵심 36. What did you <u>ask</u> her <u>to</u> do? 그녀에게 무엇을 해 달라고 부탁했니?

※ ask + A + to 부정사: A 에게 ~ 하라고 요청하다, 부탁하다.
tell + A + to 부정사: A에게 ~ 하라고 말하다.
want + A + to 부정사: A가 ~ 하기를 원한다.
expect + A + to 부정사: A가 ~ 하기를 기대한다.
order + A + to 부정사: A에게 ~하라고 명령하다.

핵심 37. He told me <u>not to leave</u>. 그는 나에게 떠나지 말라고 말했다.

※ to 부정사의 부정은 not to 부정사

확인 문제 3

다음 밑줄을 적당한 단어로 채우세요.

1. A: _____ did you invite? B: I invited my friends.	너는 누구를 방문했니?
2. A: _____ do you think of this pizza? B: I think it very delicious.	이 피자에 대해 어떻게 생각하니?
3. _____ _____ this girl?	이 소녀가 누구니?
4. A: _____ this? B: _____ a pill.	A: 이것은 무엇이니? B: 그것은 알약이야.
5. _____ color do you like _____?	너는 무슨 색깔을 제일 좋아하니?
6. A: _____ are you? B: I am a farmer.	A: 당신의 직업은 무엇입니까? B: 나는 농부입니다.
7. _____ day _____ today?	오는 무슨 요일이니?
8. A: _____ time is _____ now? B: _____ seven o'clock.	A: 지금 몇 시입니까? B: 7시입니다.
9. _____ book is that?	저것은 누구의 책입니까?
10. _____ _____ did you send money?	누구에게 돈을 보냈습니까?
11. _____ _____ did you take a walk?	누구와 산책을 하였습니까?

12. ___ ___ you ___ ___ do tomorrow?	당신은 내일 무엇을 하려고 합니까?
13. She is _____ to go _____.	그녀는 낚시를 가려고 합니다.
14. ___ ___ he ___ to do this afternoon?	그는 오늘 오후에 무엇을 하려고 합니까?
15. _____ _____ you think of the movie?	그 영화에 어떻게 생각합니까?
16. I think _____ in _____.	나는 그것이 흥미 있다고 생각합니다.
17. ___ ___ of car ___ you interested ___?	당신은 어떤 종류의 차에 관심이 있습니까?
18. _____ _____ of food ___ you like?	당신은 어떤 종류의 음식을 좋아합니까?
19. _____ is the weather like in Seoul?	서울 날씨가 어떻습니까?
20. _____ is the weather?	날씨가 어떻습니까?
21. _____ very cold here.	여기 날씨가 매우 춥습니다.
22. _____ up?	안녕하십니까? (무슨 일입니까?)
23. What's _____ with you?	무슨 문제 있습니까?
24. _____ special.	특별한 것은 없습니다.
25. _____ _____ you ask her _____ do.	너는 그녀에게 무엇을 하라고 부탁했니?
26. He told me ___ ___ come back.	그는 나에게 돌아오지 말라고 말했다.
27. He ordered _____ bring much money.	그는 나에게 많은 돈을 가져오라고 명령했다.
28. He didn't expect ___ ___ study hard.	그는 내가 열심히 공부할 것을 기대하지 않았다.
29. I wanted ___ ___ ___ move.	나는 그가 이사하지 않기를 원했다.
30. I told ___ ___ ___ make a noise.	나는 그들에게 소란을 피우지 말라고 말했다.
31. Didn't I tell you _____ shut up.	내가 너에게 말하지 말라고 말 안했냐?

📝 확인 문제 4

( )의 단어들을 알맞게 배열하여 문장을 완성하세요.

1. (you, are, who)?
2. (is, this, what)?
3. (food, like, what, you, do, best)?
4. (is, day, today, what)?
5. (do, like, best, color, what, you)?
6. (letter, you, whose, read, do)?
7. (best, do, whom, like, you)?
8. (of, you, the, think, game, what, do)?

📝 확인 문제 5

다음 밑줄을 적당한 단어로 채우세요.

1. I asked her _____ dance.	나는 그녀에게 춤추라고 요구했다.
2. I asked her _____ _____ dance.	나는 그녀에게 춤추지 말라고 부탁했다.
3. I want _____ _____ a doctor.	나는 네가 의사가 되기를 원한다.
4. _____ _____ you want me _____ do?	너는 내가 무엇을 하기를 원하니?
5. I expect you _____ study _____.	나는 네가 열심히 공부하기를 기대한다.
6. I expect you _____ _____ study ____.	나는 네가 열심히 공부하지 않기를 바란다.
7. I ordered him _____ come back.	나는 그에게 돌아오라고 명령했다.
8. I ordered him ____ ____ come back.	나는 그에게 돌아오지 말라고 명령했다.
9. ____ ____ you tell him to eat.	너는 그에게 무엇을 먹으라고 말했니? (과거형)
10. I don't want ____ ____ sleep.	나는 네가 잠자는 것을 원치 않는다.

핵심 38. interesting와 interested의 차이
① interesting: 다른 사람을 흥미롭게 하는
② interested: 주어(주체)가 흥미를 느끼는

예 1) I am interesting. 나는 다른 사람을 흥미롭게 하는 사람이다.
　　　I am interested. 내가 흥미를 갖는다.
※ exciting: 다른 사람을 흥미진진하게 만드는 것
　excited: 주어(주체)가 흥분하는 것

예 2) She is boring. 그 여자는 함께 있으면 남을 지루하게 하는 여자다.
　　　She is bored. 그 여자가 지루해하고 있다.
※ -ed는 사람에게만 쓴다. (★ 연상: 사람이다(-ed))

> 확인 문제 6

다음 (   )에서 적합한 것을 고르세요.

1. The game is (exciting, excited).
2. I was (exciting, excited) to watch the game.
3. I was (boring, bored) last Sunday.
4. The movie was (boring, bored).
5. She was (boring, bored), so I was bored with her.
6. The game was (interesting, interested), so I was very (interesting, interesed) in the game.
7. I was very (exciting, excited), so she was very (exciting, excited) with me.

unit 3 의문사 when, where, which

핵심 39. A: When is your birthday? 너의 생일이 언제니?
B: It's March 10th. 3월 10일이다.

핵심 40. A: When did you wake up? 너 언제 일어났니?
B: I woke up at 7. 7시에 일어났다.

핵심 41. When you get up, you should wake me up. 네가 일어날 때 나를 깨워줘라.

※ when은 You get up. 문장과 You should wake me up. 문장을 연결해 주는 접속사

핵심 42. A: Where are you from? 너 어디 출신이니?
B: I am from Seoul. 나 서울 출신이야.
  ~출신이다

핵심 43. A: Where do you live? 너 어디 사니?
B: I live in Goseong. 나는 고성에 산다.

핵심 44. A: Which do you <u>like better</u>, coffee or tea?

※ like better: 더 좋아하다.
　like best: 가장 좋아하다.

B: I like coffee better.

📝 확인 문제 7

밑줄을 알맞은 의문사로 채우세요.

1. _____ did you get up?	너 언제 일어났니?
2. _____ is he from?	그는 어디 출신이니?
3. _____ was the party?	파티는 언제 있었니?
4. _____ are you going to go this afternoon?	오늘 오후에 어디에 갈 거니?
5. _____ does he live?	그는 어디에 사니?
6. _____ one do you like better, soccer or tennis?	축구와 테니스 중 어느 것을 더 좋아하니?
7. _____ he left, she cried.	그가 떠났을 때 그녀는 울었다.
8. _____ you talk to me, look me in the eye.	나에게 말을 할 때 내 눈을 보아라.
9. _____ she comes back, call me.	그녀가 도착할 때 나를 불러줘.
10. _____ _____ you _____ ?	너 어디 출신이니?

📝 확인 문제 8

( ) 안 어순을 배열하여 문장을 완성하세요.

1. (or, you, one, better, which, like, do, coffee, tea)?
   커피와 차 중 어느 것을 더 좋아하니?
2. (to, you, are, next, what, going. do, year)? 내년에 무엇을 할 계획이니?
3. (start, going, are, you, to, when)? 언제 출발할 거니?
4. (are, from, where, you)? 너 어디 출신이니?
5. (going, are, you, where)? 너 어디 가니?

unit 4 의문사 how ① 얼마나 ② 어떻게 why 왜

핵심 45. A: How do you go to school? 너는 어떻게 학교에 가니?
B: On foot. 걸어서

핵심 46. A: How are you? 안녕하십니까?
B: I'm fine. How about you? 좋아요. 당신은 어떠십니까?

※ How about: ~은 어때?(= What about)

핵심 47. A: How old are you? 몇 살이니?
B: I am 11 years old. 11살이야.

핵심 48. A: How long are your feet? 너의 발 사이즈 얼마니?
B: They are about 25 centimeters long. 약 25센티.

핵심 49. A: How often do you go to the movies? 얼마나 자주 영화 보러 가니?
B: Once a month. 한 달에 한 번.

※ 한 달에 두 번: twice a month
　한 달에 세 번: three times a month

핵심 50. A: How much is this clock? 이 벽시계 얼마예요?
B: It's 20 dollars. 20달러야.

핵심 51. How much does it cost to copy one page? 한 페이지 복사하는 데 얼마죠?

※ cost: 비용이 들다

핵심 52. A: Why did you get up so early at dawn? 새벽에 왜 이렇게 일찍 일어났니?
B: Because I felt hungry. 배고파서.

핵심 53. A: Why are you late for the concert? 콘서트에 왜 이렇게 늦었니?

※ be late of: ~에 늦다

B: It's because of rain. (= Because it rains.) 비 때문이다.

※ because of: ~때문에
※ because 다음에는 문장이, because of 다음에는 단어나 구가 온다.

핵심 54. A: Why was Jinho absent from the meeting today? 진호는 오늘 왜 미팅에 결석했니?

※ be absent from~: ~에 결석하다.

B: Because he was sick in bed. 그가 아파서 누워 있었기 때문에

핵심 55. A: Why are you so busy now? 너 지금 왜 이렇게 바쁘니?

※ so 형용사: 그렇게 ~한, 매우 ~한

B: Because of a lot of homework. 많은 숙제 때문에

※ because 다음에는 문장(절), because of 다음에는 단어나 구가 온다.

핵심 56. Why don't you take a rest? 휴식을 취하지 그래요?

※ take a rest 휴식을 취하다

= How about taking a rest?
= What about taking a rest?

※ ~하라고 제안할 때(~하는 것이 어때?): Why don't you + 동사 원형 ~?
　　　　　　　　　　　　　　　　　　　　= How about ~ing?
　　　　　　　　　　　　　　　　　　　　= What about ~ing?

핵심 57. Why don't we go to a movie? 우리 영화 보러 가는 것 어때?
= Shall we go to a movie?
= How about going to a movie?
= What about going to a movie?
= Let's go to a movie.

※ Why don't you ~: 너에게 ~해보라고 제안하는 경우
　Why don't we ~: 같이 ~해보자고 제안하는 경우

핵심 58. 전화 통화
① A: May I speak to Jane? 제인 좀 바꿔 주시겠어요?
　B: This is she (speaking). 전데요. (= Speaking)

※ 전화 통화 시에는 'I am Jane.'이라고 하지 않는다.

② Can I take a message? 메시지를 남기시겠어요?
　= Would you like to leave a message for her? 메시지를 남기시겠어요?

확인 문제 9

의문사를 사용하며 다음 문장의 밑줄을 채우세요.

1. A: _____ _____ you go to work? 너 어떻게 출근하니?
   B: I walk to work. 걸어서 출근한다.

2. A: _____ _____ you? 안녕하십니까?
   B: I'm fine. Thank you. 좋습니다. 감사합니다.

3. A: _____ old are you? 너 몇 살이니?
   B: I am 11 _____ old. 나는 11살이다.

4. A: _____ _____ is this tree? 이 나무는 얼마나 기니(키가 크니)?
   B: It's about five meters long. 약 5미터 정도 된다.

5. A: _____ _____ do you play tennis? 얼마나 자주 테니스를 치니?
   B: Twice a month. 한 달에 두 번.

6. A: _____ were you late for the game? 왜 경기에 늦었니?
   B: _____ was because of traffic jam. 교통 체증 때문에.

7. _____ _____ you go _____ school? 어떻게 학교에 가니?

8. _____ foot. 걸어서

9. How _____ you? 당신은 어떠세요?

10. _____ old _____ he? 그는 몇 살이니?

11. He is _____ _____ _____. 그는 열 살이야.

12. _____ _____ are your feet? 너의 발은 얼마나 기니?(발 사이즈?)

13. They are _____ 25 centimeters _____. 약 25센티 정도 길어.

14. _____ _____ do you play soccer? 너는 얼마나 자주 축구를 하니?

15. _____ a week. 일주일에 한 번.

16. _____ _____ _____ your watch? 너의 시계는 얼마니?

17. _____ _____ you get up so early? 너 왜 이렇게 일찍 일어났니?

18. _____ _____ you late _____ the meeting? 모임에 왜 이렇게 늦었니?

19. It's because _____ rain. 비 때문에.

20. _____ _____ he absent _____ the class? 그는 왜 수업에 결석했니?

21. _____ _____ you so busy? 너 왜 이렇게 바쁘니?

22. _____ of a _____ of homework. 많은 숙제 때문에.

23. _____ _____ you t_____ a rest? 휴식을 취하시지 그러세요? (제안)

24. How about _____ a rest? 휴식을 취하시지 그러세요?

25. _____ don't _____ go to a movie? 영화 보러 가자.
    = _____ go to a movie.
    = _____ we go to movie?
    = _____ / _____ about _____ to movie?

26. A: _____ I speak _____ Minho? 민호 좀 바꿔 주시겠어요?
    B: _____ is _____. 접니다.

확인 문제 10

밑줄 안에 적합한 말을 보기에서 골라 쓰세요.

> who, what, where, whose, whom, which, when, how, why

1. _____ many books do you read a month?
2. _____ time is the museum open?
3. _____ is the weather like there?
4. _____ much is this cute watch?
5. _____ one is better, this one or that one?
6. With _____ are you going to go fishing?
7. _____ are you crying? Because my cat died.

unit 5 no matter + 의문사

핵심 59. No matter where you go, I will follow you.
네가 어디로 가든지 나는 너를 따르겠다.

※ no matter where: 어디든지(= Wherever)

핵심 60. No matter how hard you try, you can not persuade me.
네가 아무리 노력해도 너는 나를 설득할 수 없다.

※ no matter how + 형용사(부사): 아무리 ~해도(= however)
※ persuade [pəːrswéid] 설득하다 (★ 연상: 벌써 애들을 설득했다.)

핵심 61. No matter when you meet him by chance, you must not express your feelings.
네가 우연히 그를 언제 만나더라도 너는 너의 감정을 표현해서는 안 된다.

※ no matter when: 언제라도(= Whenever)
※ by chance: 우연히

핵심 62. No matter what she wears, she looks very charming.
그녀는 무엇을 입든지 매력적으로 보인다.

※ no matter what: 무엇이든지(= whatever)
※ charming 매력적인 (★ 연상: 참 매력적이다.)

확인 문제 11

같은 뜻이 되도록 밑줄을 채우세요.

1. No matter what you tell me to do, I will disobey.
   = _____ you tell me to do, I will disobey.

2. No matter _____ you are, don't forget me.
   = Wherever you are, don't forget me.

3. Whenever he starts, he will be late for class.
   = No _____ _____ he starts, he will be late for class.

4. No matter how cruel they are, they will not hurt children.
   = _____ cruel they are, they will not hurt children.

unit 6 의문사 + to 부정사

핵심 63. ① I came to learn to how to swim. 나는 어떻게 수영하는지 배웠다.

※ come to 부정사: ~하게 되다.
※ how to 부정사: ~하는 방법

② I learned where to swim. 나는 어디에서 수영해야 하는지 배웠다.

※ where to 부정사: 어디에서 ~해야 하는지

③ I learned when to swim. 나는 언제 수영해야 하는지를 배웠다.

※ when to 부정사: 언제 ~해야 하는지

④ Don't forget what to buy. 무엇을 사야 할지 잊지 마라.

※ what to 부정사: 무엇을 ~해야 하는지

핵심 64. I learned what to do for my parents.
= I learned what I should do for my parents.

핵심 65. Don't forget when to call me.
= Don't forget when you should call me.

확인 문제 12

밑줄 위에 적합한 말을 넣으세요.

1. I came to know _____ to buy the book.
   그 책을 어디서 사야 하는지 배웠다.
2. My mom taught me _____ to cook.
   엄마가 나에게 요리하는 법을 가르쳐 주셨다.
3. I didn't decide _____ to do next.
   나는 다음에 무엇을 해야 할지 결정하지 않았다.
4. I don't know what I _____ do for the poor patients.
   나는 그 불쌍한 환자들을 위해 무엇을 해야 할지 모르겠다.
5. I found _____ to go to meet him.
   나는 그를 만나기 위해 어디로 가야 하는지를 알아냈다.
6. I can't decide _____ to start.
   나는 언제 출발해야 할지 결정할 수 없다.

unit 7 부가 의문문 (~하지, 그렇지?)

핵심 66. ① He is kind, <u>isn't he</u>? 그는 친절하지, 그렇지?
② He is not kind, <u>is he</u>? 그는 친절하지 않지, 그렇지?

※ 부가 의문문 만드는 법: 앞이 긍정이면 부정, 앞이 부정이면 긍정으로 쓰고 주어를 쓴다.

핵심 67. You like her, <u>don't you</u>? 너는 그녀를 좋아한다, 그렇지?

※ 일반 동사일 때는 don't나 doesn't를 쓴다.

핵심 68. You don't like her, <u>do you</u>? 너는 그녀를 좋아하지 않는다, 그렇지?

※ 앞이 일반 동사이고 부정이기 때문에 do를 쓴다.

핵심 69. He likes a dog, <u>doesn't he</u>? 그는 개를 좋아하지, 그렇지?

※ 주어가 3인칭 단수이고 앞이 긍정이므로 doesn't를 쓴다.

핵심 70. He didn't study hard, <u>did he</u>? 그는 열심히 공부하지 않는다, 그렇지?

※ 앞이 부정, 과거이므로 뒤는 did를 쓴다.

핵심 71. Minsu likes to watch the TV, <u>doesn't he</u>? 민수는 TV 시청을 좋아한다, 그렇지?

※ 앞이 3인칭 단수에 긍정이므로 뒤는 doesn't, 주어는 Minsu라고 쓰지 않고 he라고 대명사로 쓴다.

핵심 72. Open the door, <u>will you</u>? 문을 열어 주세요.

※ 명령문의 부가 의문문: will you?

핵심 73. Let's play tennis, <u>shall we</u>? 테니스 칩시다.

※ 청유형(Let's~)의 부가 의문문: shall we?

확인 문제 13

적합한 부가 의문문이 되도록 밑줄을 채우세요.

1. You are late, _____ _____?
2. You don't like red, _____ _____?
3. Mary sings well, _____ _____?
4. They are not angry, _____ _____?
5. Bob had a headache, _____ _____?
6. It was funny, _____ _____?
7. Tom and Mary fought, _____ _____?
8. You did't eat the apple, _____ _____?
9. You weren't angry, _____ _____?
10. He wants to play with you, _____ _____?

제12장 모범 답안

확인 문제 1

1. who   2. when   3. where   4. what   5. how   6. why   7. whose
8. whom   9. which

확인 문제 2

1. Who   2. She(This)   3. What's   4. What   5. Whose   6. What
7. Whose   8. What, It's   9. What

확인 문제 3

1. Whom   2. What   3. Who, is   4. What's, It's   5. What, best 또는 most
6. What   7. What, is   8. What, it, It's   9. Whose   10. To whom
11. With, whom   12. What, are, going, to   13. going, fishing
14. What, is, going   15. What, do   16. it, interesting
17. What, kind, are, in   18. What, kind, do   19. What   20. How
21. It's   22. What's   23. wrong   24. Nothing   25. What, did, to
26. not, to   27. me, to   28. me, to   29. him, not, to
30. them, not, to   31. to

확인 문제 4

1. Who are you?
2. What is this?
3. What food do you like best?
4. What day is today?
5. What color do you like best?
6. Whose letter do you read?
7. Whom do you like best?
8. What do you think of the game?

확인 문제 5

1. to 2. not, to 3. to, be 4. What, do, to 5. to, hard
6. not, to, hard 7. to 8. not, to 9. What, did 10. you, to

확인 문제 6

1. exciting 2. excited 3. bored 4. boring 5. boring
6. interesting, interested 7. exciting, excited

확인 문제 7

1. When 2. Where 3. When 4. Where 5. Where 6. which
7. When 8. When 9. When 10. Where, are, from

확인 문제 8

1. Which one do you like better, coffee or tea?
2. What are you going to do next year?
3. When are you going to start?
4. Where are you from?
5. Where are you going?

확인 문제 9

1. How do 2. How are 3. How, years 4. How long 5. How often
6. Why, It 7. How, do, to 8. On 9. are 10. How, is
11. ten, years, old 12. How long 13. about, long 14. How, often
15. Once 16. How, much, is 17. Why, did 18. Why, are, for
19. of 20. Why, is, from 21. Why, are 22. Because, lot
23. Why, don't take 24. taking
25. Why, we, Let's, Shall, How/What, going 26. May, to This, he

확인 문제 10

1. How 2. What 3. What 4. How 5. Which
6. Whom(누구와 함께 낚시를 가니?) 또는 What(무엇을 가지고 낚시를 가니?)
7. Why

확인 문제 11

1. Whatever 2. where 3. matter, when 4. However

확인 문제 12

1. where 2. how 3. what 4. should 5. where 6. when

확인 문제 13

1. aren't you 2. do you 3. doesn't she 4. are they 5. didn't he
6. wasn't it 7. didn't they 8. did you 9. were you 10. doesn't he

제13장 정관사 The

unit 1 기본 개념

핵심 74. 앞에 나온 사물을 다시 언급할 때 the를 쓴다.

예) I gave a book to him. The book is expensive.
※ give + 무엇 + to + 사람: 누구에게 무엇을 주다.

핵심 75. 문맥상 서로에게 알려진 것으로 인식되는 사물에 the를 붙인다.

예) Open the window, please.

핵심 76. 악기 이름 앞에 the를 붙인다.

예) My aunt is playing the piano. 나의 이모가 피아노를 연주하고 있다.
※ be +-ing형: 진행형
※ play the 악기: 악기를 연주하다.

핵심 77. 수식 어구의 꾸밈을 받을 때 the를 붙인다.

예) The boy in the classroom is my brother. 교실 안에 있는 소년은 나의 형제이다.

핵심 78. the sun, the moon, the earth, the sea, the world, the universe, the east와 같이 유일한 것에는 the를 붙인다.

예) The sun rises in the east. 해는 동쪽에서 뜬다.
※ rise 오르다 (rise-rose-risen) / raise 올리다(raise-raised-raised)

핵심 79. 관례적으로 the를 붙이는 경우

예) in the morning, in the afternoon

핵심 80. 사람 이름, 도시 이름, 학과목, 운동, 식사 앞에는 정관사 the나 부정 관사 a를 붙이지 않는다.

예) Mr. Kim, Seoul, math, soccer, lunch
(★ 연상: 서울 사는 김철수가 수학을 공부하고 식사 후에 운동하러 갈 때는 관사 없이 간다.)

핵심 81. 소유격 앞에 the를 붙이지 않는다.

예) a(the) my coach. (X) my coach. (O)

핵심 82. 장소나 건물이 본래의 목적으로 쓰일 때 the를 붙이지 않는다.

예) ① go to school 학교에 공부하러 갈 때
　　　 go to the school 학교에 축구하러 갈 때
　　② go to bed 침대로 잠자러 갈 때
　　　 go to the bed 침대로 물건 집으러 갈 때

핵심 83. 교통수단을 나타낼 때 관사를 쓰지 않는다.

예) by bus(버스 타고), by bike(자전거 타고)

확인 문제 1 (핵심 74-83)

다음 중 어색한 곳을 찾아 고치세요.

1. I bought a notebook yesterday. I wrote on a notebook.
2. Don't open a window. It's cold in the room.
3. The math is my favorite subject.
4. I played the soccer with my friends.
5. She was playing a piano then.
6. I went to school to meet friends.
7. I am a Mr. Park.
8. A woman in the restaurant is my mother.
9. We had the lunch at 1:00 pm.
10. Let's go to see a sea.
11. She goes shopping in afternoon.
12. We go to see the movie by a bus.
13. I go to school by the bike.

확인 문제 2 (핵심 74-83)

밑줄에 알맞은 말을 넣으세요. 필요 없으면 X라고 표시하세요.

1. I bought a dog. I like _____ dog. 나는 개를 샀다. 나는 그 개를 좋아한다.
2. Open _____ window, please. 창문을 열어라.
3. play _____ piano. 피아노를 연주하다.
4. _____ boy _____ the room is my brother. 방 안에 있는 소년은 나의 형제이다.
5. ____ sun, ____ moon, ____ earth, ____ world, ____ sea, ____ east, play ____ soccer, in ____ morning, have ____ lunch
6. 나라 이름, 도시 이름, 사람 이름, 학과목, 식사, 운동 앞에는 the를 안 붙인다. 모두 맞는가?
7. by _____ bus.

제13장 모범 답안

확인 문제 1

1. I bought a notebook yesterday. I wrote on the notebook.
2. Don't open the window. It's cold in the room.
3. Math is my favorite subject. (the 삭제)
4. I played soccer with my friends. (the 삭제)
5. She was playing the piano then.
6. I went to the school to meet friends.
7. I am Mr. Park. (a 삭제)
8. The woman in the restaurant is my mother.
9. We had lunch at 1:00 pm. (the 삭제)
10. Let's go to see the sea.
11. She goes shopping in the afternoon.
12. We go to see the movie by bus. (a 삭제)
13. I go to school by bike. (the 삭제)

확인 문제 2

1. I bought a dog. I like the dog. 나는 개를 샀다. 나는 그 개를 좋아한다.
2. Open the window, please. 창문을 열어라.
3. play the piano. 피아노를 연주하다.
4. The boy in the room is my brother. 방 안에 있는 소년은 나의 형제이다.
5. the sun, the moon, the earth, the world, the sea, the east,
   play X soccer, in the morning, have X lunch
6. 맞다.
7. by X bus.

제14장 숫자, 수량 세기

unit 1 숫자 세기

핵심 84. ① 하나, 둘, 셋~ : 기수
② 첫 번째, 두 번째, 세 번째~ : 서수

예) I am in the seventh grade. 나는 7학년이다.

기수	one	two	three	four	five
서수	first	second	third	fourth	fifth
기수	six	seven	eight	nine	ten
서수	sixth	seventh	eighth	ninth	tenth

확인 문제 1

다음 빈 칸을 채우세요.

기수	one	two	three	four	five
서수					
기수	six	seven	eight	nine	ten
서수					

unit 2 수량 세기

핵심 85. 셀 수 없는 물질 명사를 세는 법

물질 명사	세는 단위
paper	a sheet of paper 한 장의 종이
meat	a piece of meat 고기 한 조각
water	two cups of water 두 컵의 물 ※ 두 컵 이상일 경우는 two 다음에 cups라고 water가 아니고 cup에 s를 붙인다.
bread	a loaf of bread 빵 한 덩어리

확인 문제 2

다음 밑줄을 채우세요.

1. 한 장의 종이 → a _____ of paper.
2. 케이크 한 조각 → a _____ of cake.
3. 물 한 잔 → a _____ of water.
4. 케이크 두 조각 → two _____ of cake.
5. 물 두 잔 → two _____ of water.
6. 빵 한 덩어리 → a _____ of bread.

핵심 86. I would like to eat a piece of cake. 케이크 한 조각 먹고 싶다.

※ would like to 동사 원형: ~하고 싶다
I would like to = I'd like to로 줄여 쓸 수 있다.

핵심 87. a few와 a little

셀 수 있는 경우	a few 조금(한두 개) 있는 경우	복수 명사와 함께 쓰이며 복수 취급
	few 거의 없는 경우	
셀 수 없는 경우	a little 조금 있는 경우	단수 취급
	littlo 거의 없는 경우	

확인 문제 3

다음 중 어색한 곳을 고치세요.

1. I need three white papers.
2. There was a few water in the pool.
3. I am going to drink two cup of water.
4. The turtle drinks few water.
5. There are a loaf of steak in the ice box.
6. There are much kids in my family.
7. I put two cups of salts into the cooker.
8. There are a little money in the handbag.
9. She has a lot of book in her living room.
10. A cake is for you.

핵심 88. everything, something, anything, nothing 등과 같이 '-thing'으로 끝나는 말은 형용사가 뒤에서 꾸며준다.

예) I want hot something. (X)
　　I want something hot. (O)

핵심 89. 21부터의 숫자 세기: 십 단위를 쓰고 일 단위를 쓴다.

예) 25: twenty five
　　37: thirty seven
　　82: eighty two

핵심 90. 분수 표기법: 분자는 기수로 적고 분모는 서수로 적는다.
분자가 2 이상이면 분모의 서수에 s를 붙인다.

예) 1/3: one-third, 3/4: three-fourths, 2/3: two-thirds

확인 문제 4

어색한 곳을 고치세요.

1. I want hot something.
2. I have cold nothing.

확인 문제 5

분수를 영어로 표기하세요.

1. 1/3
2. 2/3
3. 1/4
4. 3/4

제14장 모범 답안

확인 문제 1

기수	one	two	three	four	five
서수	first	second	third	fourth	fifth
기수	six	seven	eight	nine	ten
서수	sixth	seventh	eighth	ninth	tenth

확인 문제 2

1. sheet 2. piece 3. glass 4. pieces 5. glasses 6. loaf

확인 문제 3

1. three white papers → three sheets of white papers   2. few → little
3. cup → cups   4. few → little   5. are → is   6. much → many
7. salts → salt   8. are → is   9. book → books
10. A cake → A piece of cake

확인 문제 4

1. I want something hot.
2. I have nothing cold.

확인 문제 5

1. one-third   2. two-thirds   3. one-fourth   4. three-fourths

제15장 비인칭 주어 It

unit 1 기본 개념

핵심 91. 거리, 시간, 요일, 날씨, 어둡고 밝음 등을 표현할 때 it를 주어로 쓰며 해석하지 않는다.

예) It's dark. 어둡다 (명암)
It's cloudy. 흐리다. (날씨)
It's 11 o'clock. 11시다. (시각)
It's March 20th. 3월 20일이다. (날짜)
It's about 5 kilometers from here to the post office.
여기에서 우체국까지 약 5킬로미터이다. (거리)

확인 문제 1

다음 중 it의 쓰임이 나머지와 다른 것 세 개를 고르세요.

① It's snowy this afternoon.
② There is a bug in the bottle. It is a spider.
③ It's raining today.
④ It's June 15th.
⑤ You gave me a necktie. I like it.
⑥ It's about 5 kilometers from the school to the bank.
⑦ It's summer here.
⑧ I bought a loaf of steak yesterday. I ate it this morning.
⑨ We went on a picnic. It was clean outside.
⑩ It's nine o'clock. I'm late for the class.

핵심 92. 대명사 it와 one

① I like cats. I am going to buy <u>one</u>.

나는 고양이를 좋아한다. 한 마리 사려고 한다.

※ 일반적인 고양이 하나를 가리킬 때는 대명사: one

② You have a cat. I like <u>it</u>. I am going to buy <u>it</u>.

※ 구체적으로 네가 가지고 있는 그 고양이를 가리킬 때: 대명사 it

📝 확인 문제 2

다음 문장에서 둘 중 하나를 고르세요.

1. I have no pencils. I need (one, it).
2. You gave me a pencil last night. I lost (one, it) this morning.
3. I don't want a red blouse. Show me another (one, it).
4. I don't like a fat cat. I want a thin (one, it)
5. I bought a bike a week ago. I am going to ride (one, it) in the park.

제15장 모범 답안

확인 문제 1
②, ⑤, ⑧

확인 문제 2
1. one 2. it 3. one 4. one 5. it

제16장 수동태 I

unit 1 기본 개념

핵심 93. '차다'는 능동태이고 '채이다'는 수동태이다.
'꺾다'는 능동태이고 '꺾이다'는 수동태이다.
'먹다'는 능동태이고 '먹히다'는 수동태이다.
즉 주어(주체)가 동작을 하는 것이면 능동태이고 어떤 동작을 당하면 수동태이다.

핵심 94. 수동태 공식: be 동사 + 과거 분사(p.p)
① I like this friendly fellow. 나는 이 우호적인 친구를 좋아한다. (능동태)
 = This friendly fellow is liked by me.
 이 우호적인 친구는 나에 의해 좋아함을 받는다(수동태)

 ※ 능동태 문장의 목적어인 this friendly fellow가 수동태 문장의 주어가 된다.
 ※ by: ~에 의해, by 다음에는 목적격이 온다.
 ※ 형용사 + ly = 부사 예) beautifully, slowly, happily
  명사 + ly = 형용사 예) lovely(사랑스러운), friendly(우호적인)

② King Sejong invented Hangeul. 세종대왕이 한글을 발명했다.
 = Hangeul was invented by King Sejong. 한글은 세종대왕에 의해 발명되었다.

 ※ 능동태 문장의 목적어인 Hangeul 이 수동태 문장의 주어가 된다.
 ※ 수동태의 시제는 be 동사에 의해 결정된다. 수동태 문장의 주어가 Hangeul이고
  과거이므로 be 동사는 was이다.

③ He is washing his car. 그는 차를 닦고 있는 중이다.
 = His car is being washed by him. 그의 차는 그에 의해 닦이고 있는 중이다.

 ※ 진행 수동태: be being + p.p

④ A: Where were you born? 너는 어디서 태어났니?
 B: I was born in Damyang. 나는 담양에서 태어났다.

 ※ be born in~: ~에서 태어나다.

⑤ A: She picked many flowers. 그녀는 많은 꽃들을 꺾었다.
 B: Many flowers were picked by her. 많은 꽃들이 그녀에 의해 꺾였다.

 ※ 주어가 Many flowers이고 과거이므로 사용되는 be 동사는 were이다.

핵심 95. They speak English in Canada.
= English is spoken in Canada (by them)

※ 수동태 문장의 끝에 일반적인 사람을 의미하는 by them은 생략하는 것이 더 자연스러움

확인 문제 1

밑줄을 채우세요.

1. I ____ ____ ____ her.	나는 그녀에게 사랑을 받는다.
2. This friendly fellow ____ ____ ____ every one.	우호적인 친구는 모든 사람에게 사랑을 받는다.
3. Hangeul ____ invented ____ King Sejong.	한글은 세종대왕에 의해 발명되었다.
4. He ____ ____ his car.	그는 자기의 차를 닦고 있다.
5. His car ____ ____ washed by him.	
6. ____ ____ you born?	너 어디서 태어났니?
7. English ____ ____ in the country.	그 나라 사람들은 영어를 말한다.

확인 문제 2

다음 문장을 수동태로 고치세요.

1. He liked the dog. → _____
2. Columbus discovered the new continent. → _____
3. He kicked the dog. → _____
4. They speak Chinese there. → _____
5. He picked many flowers. → _____
6. She made two dolls. → _____

제16장 모범 답안

확인 문제 1

1. I **am liked** by her.
2. This friendly fellow **is liked by** every one.
3. Hangeul **was** invented **by** King Sejong.
4. He **is washing** his car.
5. His car **is being** washed by him.
6. **Where were** you born?
7. English **is spoken** in the country.

확인 문제 2

1. The dog was liked by him.
2. The new continent was discovered by Columbus.
3. The dog was kicked by him.
4. Chinese is spoken there.
5. Many flowers were picked by him.
6. Two dolls were made by her.

제17장 감탄문

unit 1 기본 개념

핵심 96. ① How smart he is! 그는 참으로 영리하구나!

※ How + 형용사 + 주어 + 동사

② How smart this boy is! 이 소년은 정말 영리하구나.
③ What a smart boy he is! 그는 참으로 영리한 소년이구나.

※ What + a + 형용사 + 명사 + 주어 + 동사

※ 기억하는 법: 뒤에 주어 + 동사를 넣는 것은 두 경우 모두 동일하나 ①, ②처럼 뒤의 주어, 동사를 빼고 형용사만 나오면 How로, 주어, 동사를 빼고 볼 때 명사가 나오면 What으로 시작한다.

확인 문제 1

밑줄 위에 적합한 단어를 넣어 감탄문을 완성하세요.

1. _____ a beautiful rose this is! 이것은 참 아름다운 장미구나.
2. _____ beautiful this rose is! 이 장미는 참 아름답구나.
3. _____ a worry the child is! 참 귀찮은 애로군!
4. _____ a lazy boy he is! 그는 얼마나 게으른 소년인가!
5. _____ a brave boy you are! 너는 정말 용감한 소년이구나!
6. _____ foolish of you to trust him. 그 사람 말을 믿다니 당신도 바보군요.

확인 문제 2

다음 (   ) 안의 단어들의 어순을 올바로 배열하여 감탄문을 완성하세요.

1. (this, a, beautiful, flower, what, is)!
2. (cute, that, how, is, dog)!
3. (was, careful, he, how)!
4. (a, clever, what, is, he, boy)!
5. (beautiful, how, this, is, flower)!
6. (a, fool, boy, what, are, you)!

제17장 모범 답안

확인 문제 1

1. what 2. how 3. what 4. what 5. what 6. how

확인 문제 2

1. What a beautiful flower this is!
2. How cute that dog is!
3. How careful he was!
4. what a clever boy he is!
5. How beautiful this flower is!
6. What a fool boy you are!

제18장
동명사 Ⅰ

unit 1 기본 개념

핵심 97. 동사 원형에 ~ing를 붙여 '~하는 것'으로 해석될 때 이것을 동명사라고 한다.

예 1) I like playing soccer with friends on Sundays.
　　　나는 일요일에 친구들과 축구하는 것을 좋아한다.
※ 동명사가 목적어로 쓰인 경우
　= I like to play soccer with friends on Sundays.
※ on Sundays = every Sunday

예 2) Taking this medicine is very easy. 이 약을 먹는 것은 매우 쉽다.
※ 동명사가 주어로 쓰인 경우
　= To take this medicine is very easy.

예 3) My hobby is collecting stamps. 나의 취미는 우표를 수집하는 것이다.
※ 동명사가 보어로 쓰인 경우
※ be 동사 뒤에 나오는 말은 형용사이든 명사이든 모두 보어이다.
　= My hobby is to collect stamps.

📝 확인 문제 1

1~4번까지 문장을 동명사를 사용하여 다시 쓰고 5번부터는 밑줄을 채우세요.

1. I like to eat many kinds of fast foods.
2. To see a movie is very interesting.
3. To exercise is good for our health.
4. My hobby is to make model houses.
5. I like _____ soccer _____ friends on _____.
　나는 일요일 마다 친구들과 축구를 하는 것을 좋아한다.
6. I like _____ out every _____. 나는 일요일마다 외식하는 것을 좋아한다.
7. _____ a rest is good for health. 휴식을 취하는 것은 건강에 좋다.
8. _____ this medicine is difficult. 이 약을 먹는 것은 어렵다.
9. My hobby is _____ coins. 나의 취미는 동전을 모으는 것이다.

핵심 98. 전치사 다음에 오는 동사 형태는 언제나 동명사이다.

예 1) Thank you for reading me a book. 나에게 책을 읽어 주어서 감사합니다.
※ thank 사람 for 무엇: 무엇에 대해 누구에게 감사하다.

예 2) He is good at telling lies. 그는 거짓말을 하는 데 익숙하다.
※ be good at~: ~을 잘하다.

예 3) I am interested in keeping pets. 나는 애완동물을 키우는 데 관심이 있다.
※ be interested in ~: ~에 관심이 있다.

핵심 99. On my way home, I was afraid of meeting a scary wolf.
　　　　　집으로 오는 길에　　　~을 두려워하다.
집으로 오는 길에 나는 무서운 늑대를 만나는 것을 두려워했다.

unit 2 동명사의 활용

핵심 100. enjoy(즐기다), finish(끝내다), stop(중지하다), give up(중지하다, 포기하다), avoid(피하다), mind(꺼려하다) 등은 동명사만 목적어로 취하는 동사이다.

(★ 연상: 인(enjoy) 기(give up) 스(stop) 머(mind) 프(finish)를 피하라(avoid))

예 1) I enjoyed to give out helpful informations on the Internet. (X)
※ to give out (X) → giving out (O)
　　나는 인터넷상에서 유익한 정보들을 나누어 주는 것을 즐겼다.

예 2) A: Would you mind opening the window? 창문을 여는 것을 꺼려 하십니까?
　　　B: Of course not. 물론 아니지. (즉 창문을 열어도 된다는 뜻임)
※ Would you mind ~로 물어보면 not으로 대답해야 승낙이 된다.

핵심 101. want, hope, plan, expect, wish, decide, promise 등은 부정사만 목적어로 취한다.

(★ 연상: 미래의 일을 원하거나 희망하거나 기대하거나 약속하거나 계획하거나 결정하는 동사들은 to 부정사만 목적어로 취한다)

예) He wants travelling around the world as soon as possible. (X)
그는 가능한 한 빨리 세계 일주 여행을 하기를 원한다.

※ travelling (X) → to travel (O)
※ as soon as possible 가능한 한 빨리(일찍) = as soon as he can.

확인 문제 2

밑줄을 채우세요.

1. Thank you _____ _____ me a book.
   나에게 책을 읽어 주어서 고맙다.
2. He _____ good _____ telling lies. 그는 거짓말을 잘한다.
3. He _____ _____ _____ _____ pets.
   그는 애완동물을 키우는 데 관심이 있다.
4. _____ _____ way home, I was afraid _____ _____ bullies.
   집으로 돌아오는 길에 아는 깡패들을 만날까 두려워했다.
5. I enjoyed _____ fish. 나는 생선을 먹는 것을 즐겼다.
6. A: Would you mind _____ the window? 창문을 열어 주시겠어요?
   B: Of course _____. 예, 기꺼이 열겠습니다.

 **확인 문제 3**

다음 문장에서 어색한 곳을 찾아 고치세요. (고칠 필요 없는 문장은 두 개 있다.)

1. They enjoyed to swim in the river.
2. He must stop to smoke for his health.
3. He likes eating hot foods like Maeoon Tang.
4. He gave up to ask me to lend some money.
5. I am good at play the piano.
6. He wants travelling around the world.
7. I hope to live in the mountains in the future.
8. I expect you looking after my animals.
9. I promise you watering your flower pots.
10. I am interested in help the poor.
11. I mind to ride a bike on the street.
12. Would you mind to enter your garden?
13. On his way to school, he is always afraid of meet a bully.
14. He is planning visiting his home town as soon as possible.
15. He gave up to study because of lack of money.
16. He left without say good-bye to me.

unit 3 동명사의 관용적 용법

핵심 102. It is no use crying over spilt milk. 엎질러진 우유 때문에 우는 것은 소용이 없다.
　　　※ It is no use ~ing: ~ 하는 것은 소용이 없다.

핵심 103. I feel like going on a hike this summer. 나는 이번 여름에 하이킹을 가고 싶다.
　　　※ feel like ~ing: ~하고 싶다.

핵심 104. I am looking forward to having a surprise party for mom.
　　　나는 엄마를 위해 깜짝 파티를 열 것을 고대하고 있다.
　　　※ look forward to ~: ~을 기대하다.
　　　※ 여기서 to는 전치사이므로 뒤에 반드시 동명사나 명사가 와야 한다.

핵심 105. He kept walking into the mountains. 그는 산속으로 계속 걸어 들어갔다.
　　　※ keep ~ing: 계속 ~하다.

핵심 106. I was busy painting my house. 나는 집에 페인트칠을 하느라고 바빴다.
　　　※ be busy ~ing형: ~하느라 바쁘다.

확인 문제 4

밑줄 위에 적합한 영어 단어를 써 넣으세요.

1. It is no use try의 변화형 to stop him smoking.
2. They were busy build의 변화형 a building.
3. He kept run의 변화형 to the next bus stop.
4. It is no _____ crying over spilt milk. 엎질러진 우유 때문에 울어도 소용없다.
5. I _____ _____ eating ramyun. 나는 라면 먹고 싶다.
6. I am _____ _____ to ____. you. 나는 너를 만나기를 고대하고 있다.
7. He _____ _____ _____ to ____ his birthday party.
　　그는 자기의 생일 파티를 여는 것을 고대하고 있다.
8. He kept _____ for ten hours. 그는 열 시간 동안 계속 일했다.
9. They _____ busy _____ their house.
　　그들은 그들의 집을 페인트칠하느라 바빴다.

unit 4 문장의 형식

핵심 107. 문장의 형식 – 주어(S), 동사(V), 목적어(O), 보어(C)만 가지고 따진다.
① 1형식 문장: 문장 성분 중 주어(S)와 동사(V)가 들어있는 문장

예 1) The sun rises in the east. 해는 동쪽에서 뜬다.
　　　　S　　V

예 2) She runs fast.
　　　 S　 V

※ in the east나 fast는 주어도 아니고 동사도 아니고 목적어도 아니고 보어도 아니다. 문장의 형식은 주어, 동사, 목적어, 보어만 가지고 따진다.

② 2형식 문장: 문장 성분 중 주어(S)와 동사(V)와 보어(C)가 있는 문장

예 1) Your brother is kind. My sister is a nurse.
　　　　　S　　　V　 C　　　S　　 V　　C

※ 보어는 문자적으로는 주어나 목적어를 보충 설명해 주는 말이라는 뜻인데 be 동사 뒤에 나오는 말은 형용사이든 명사이든 모두 보어이다.

예 2) Your mom looked sad to hear the news.
　　　　　S　　　V　　 C
　　　 너의 엄마는 그 소식을 듣고 슬퍼보였다.

※ 문장의 형식은 주어, 동사, 목적어, 보어만 가지고 따지는 것이므로 "to hear the news."는 문장의 형식에 영향을 주지 않는다.

③ 3형식 문장: 문장 성분 중 주어(S)와 동사(V)와 목적어(O)가 있는 문장

예 1) I like her.
　　　S V 　O

예 2) My younger brother wants to be a teacher.
　　　　　　S　　　　　　V　　　　O
　　　 나의 남동생은 선생님이 되기를 원한다.

④ **4형식 문장: 문장 성분 중 주어(S)와 동사(V) 외에 목적어가 두 개인 문장**

예 1) I gave him a book. 나는 그에게 책을 한 권 주었다.
　　　S　V　I.O　D.O
※ a book은 직접 목적어이고 him은 간접 목적어이다.
※ 'I gave a book to him.'은 3형식 문장이다. 전치사가 붙은 to him은 문장 성분으로 취급하지 않는다.

예 2) She bought me a blue dress. 그녀는 나에게 파란 드레스를 사 주었다.
　　　S　V　I.O　　D.O
※ She bought a blue dress for me(3형식 문장). 전치사가 붙은 for me는 문장 성분으로 취급하지 않는다.

⑤ **5형식 문장: 문장 성분 중 주어(S)와 동사(V)와 목적어(O)와 목적격 보어(O.C)를 모두 가지고 있는 문장**

예 1) They called me a gentleman. (5형식) 그들은 나를 신사라고 불렀다.
　　　S　V　O　O.C(목적격 보어)

예 2) He made the room quiet. (5형식) 그는 그의 방을 조용하게 만들었다.
　　　S　V　O　O.C(목적격 보어)

　　　He made the room quietly. (3형식)
　　　S　V　O　ad(부사)
　　그는(미장공) 방을 만드는 공사를 했는데 일하는 소리도 안 들리게 조용히 방을 만들었다.

※ 형용사는 무엇을 꾸미는가? 명사를 꾸민다. 그러므로 윗 문장에서 형용사 quiet는 명사이며 목적어인 room을 꾸미는 목적격 보어이다.
　아래 문장에서 quietly 는 부사이므로 명사인 room을 꾸밀 수 없고 동사인 made를 꾸민다.
　그러므로 부사는 목적격 보어로 쓸 수 없음을 기억한다.

예 3) I found the problem easy. 나는 그 문제가 쉽다는 것을 알았다.
※ 여기서 easy는 problem을 꾸며주는 목적격 보어

　　I found the problem easily. 나는 문제가 무엇인지 문제를 쉽게 찾아냈다.
※ 이 경우 easilly는 found를 꾸며주는 부사

확인 문제 5

다음 문장들은 몇 형식인지 쓰세요.

1. I like
2. I am a boy
3. You are cute.
4. I like you.
5. I gave him money.
6. I made him a doll.
7. I made a doll for him.
8. I gave money to him.
9. You looks happy.
10. I like to eat.
11. This candy tastes sweet.
12. I am happy.
13. He bought me a dress.
14. He bought a dress for me.
15. You make me happy.
16. You made the room clean.

제18장 모범 답안

확인 문제 1

1. I like eating many kinds of fast foods.
2. Seeing a movie is very interesting.
3. Exercising is good for our health.
4. My hobby is making model houses.
5. playing, with, Sundays   6. eating, Sunday   7. Taking
8. Taking   9. collecting

확인 문제 2

1. for, reading   2. is, at   3. is, interested, in, keeping
4. on, my, of, meeting   5. eating   6. opening, not

확인 문제 3

1. to swim → swimming   2. to smoke → smoking   3. 틀린 곳 없음
4. to ask → asking   5. play → playing   6. travelling → to travel
7. 틀린 곳 없음   8. looking → to look   9. watering → to water
10. help → helping   11. to ride → riding   12. to enter → entering
13. meet → meeting   14. visiting → to visit   15. to study → studying
16. say → saying

확인 문제 4

1. trying   2. building   3. running   4. use   5. feel, like
6. looking, forward, meeting   7. is, looking, forward, having(또는 holding)
8. working   9. were, painting

120

확인 문제 5

1. 1형식 2. 2형식 3. 2형식 4. 3형식 5. 4형식 6. 4형식 7. 3형식
8. 3형식 9. 2형식 10. 3형식 11. 2형식 12. 2형식 13. 4형식
14. 3형식 15. 5형식 16. 5형식

제19장 접속사

unit 1 기본 개념과 중요 접속사들의 의미

핵심 108. I thought that you were satisfied with our service.
~에 만족하다
나는 네가 우리의 서비스에 만족한다고 생각했다.

※ that은 두 문장을 연결해 주는 접속사: that 이하 문장은 thought의 목적어
목적어 절을 이끄는 접속사 that는 생략 가능하다.

핵심 109. It is certain that he will succeed. 그가 성공할 것이라는 것은 확실하다.
= That he will succeed is certain.

※ 주어가 너무 길므로 뒤로 돌리고 대신 그 자리에 가짜 주어 it를 놓은 것이다.
it는 가주어, that 이하는 진주어

핵심 110. I am sure that he will agree with me. 나는 그가 나에게 동의할 것을 확신한다.
~를 확신하다   ~에 동의하다

핵심 111. I'm not sure whether I should tell you this.

※ whether: ~인지 아닌지(= if)

내가 너한테 이런 말을 해야 할지 잘 모르겠어.

Whether you succeed or not depends on preparation.

※ whether 절이 주어로 쓰일 때는 if 로 대체할 수 없다.(whether만 가능)
네가 성공할지의 여부는 준비에 달려 있다.

The question is whether he will accept our offer.

※ whether 절이 보어로 쓰일 때는 if 로 대체할 수 없다.(whether만 가능)
문제는 그가 우리의 제안을 받아들일 것인지의 여부이다.

She is considering whether to accept the offer.

※ whether to 부정사:할지의 여부(if로 대체할 수 없다)
그녀는 그 제안을 받아들일 것인지를 심사숙고하고 있다.

Let me know whether or not she will come.

※ 뒤에 or not이 올 때는 if 로 대체할 수 없다. (whether만 가능)

그녀가 올지 안올지 나에게 알려다오.

핵심 112. When I was at school, my favorite subject is science.

※ When: ~할 때

학창 시절에 내가 가장 좋아하는 과목은 과학이었다.

※ be at school 학교에 다닌다. be at work 근무 중이다.

핵심 113. Although I am sick, I'll clean the room.

※ Although: ~이지만 (= though = even if = even though)

나는 비록 아프지만 방을 청소할 것이다.

핵심 114. Can you spare five minutes when it's convenient?
　　　　　　　　　할애하다　　　　　　~할 때

편리할 때 5분 정도 내주실 수 있겠습니까?

핵심 115. You can stay for the weekend if you like.

※ if: ~라면

네가 좋으면 일주일 동안 머무를 수 있다.

핵심 116. Write me while you're away. 당신이 떠나 있는 동안에 나에게 편지해요.

※ while: ~하는 동안

※ be away: 떠나 있다.

핵심 117. I know (that) I am not alone. 나는 내가 혼자가 아니라는 것을 안다.

※ 목적어 절을 이끄는 that은 생략할 수 있다.

핵심 118. As soon as I know the result, I'll let you know.

※ as soon as: ~하자마자

결과를 알자마자 알려 드리겠습니다.

확인 문제 1

밑줄 위에 적절한 접속사를 넣으세요.

1. Write me _____ you're away. 떠나있는 동안 편지해라.
2. _____ soon _____ I know the result, I will _____ you know.
   결과를 알게 되자마자 너에게 알리겠다.
3. I know _____ I am not alone. 나는 내가 혼자가 아니라는 사실을 안다.
4. I thought _____ you _____ satisfied _____ our service.
   나는 당신이 우리의 서비스에 만족한다고 생각했다.
5. I am _____ that he likes me. 나는 그가 나를 좋아한다고 확신한다.
6. I am not sure _____ you like me.
   나는 네가 나를 사랑하는지의 여부를 확신할 수 없다.
7. _____ I was at school, my favorite subject is English.
   학창 시절에 나의 좋아하는 과목은 영어였다.
8. A_____ I am sick, I will clean my room.
   = T_____
   = E_____ _____ = E_____ _____
   내가 아프기는 하지만 나는 나의 방을 청소하겠다.
9. You can stay here _____ you like.
   네가 원하면 너는 여기서 머물 수 있다.
10. I hope _____ he will succeed. 나는 그가 성공하기를 희망한다.
11. I am sure _____ she will need flour.
    나는 그녀가 밀가루를 필요로 할 것을 확신한다.
12. I am not sure _____ she will accept your offer.
    나는 그녀가 너의 제안을 받아들일지 확신할 수 없다.
13. It's certain _____ he will refuse the proposal.
    그가 그 제안을 거절할 것은 확실하다.
14. You can take it _____ you like. 맘에 들면 가져라.
15. _____ I was swimming in the sea, I was afraid of meeting a shark.
    바다에서 수영하는 동안 상어를 만날까 봐 걱정했다.
16. _____ you win or not depends on preparation.
    네가 승리할지의 여부는 준비에 달려 있다.
17. The problem is _____ he will accept our demand.
    문제는 그가 우리의 요구를 받아들일 것인지의 여부이다.
18. We have to decide _____ _____ refuse his offer.
    우리는 그의 제안을 거절할 것인지의 여부를 결정해야 한다.

📝 확인 문제 2

다음 중 생략할 수 있는 that이 사용된 경우는?

① I know that girl with blond hair.
② I didn't know that you're here.
③ It isn't a fact that he is brave.
④ It is certain that he missed the appointment.
⑤ That he will not forgive you is natural.

unit 2 의문사 절이 뒤에서 수식하는 경우

핵심 119. This is the time when roses look most beautiful.
　　　　　　　　　　　 ~할 시간

지금이 장미가 가장 예쁘게 보일 때이다.

※ the time과 when 둘 중의 하나만 써도 된다.

핵심 120. This is the reason why he didn't attend church.
　　　　　　　　　　 ~한 이유

이것이 그가 예배에 불참한 이유이다.

※ the reason이나 why 중 하나 생략 가능

핵심 121. I don't like the way how he responds.
　　　　　　　　　　 ~하는 방법

나는 그가 대답하는 방식이 맘에 안 든다.

※ 이 표현은 구어체의 경우 일부 용인이 되나 일반적으로는 쓰지 않는다.
　(the way와 how중 둘 중 하나만 쓰는 것이 더 자연스럽다.)

핵심 122. This is the place where the two paths join.
　　　　　　　　　　　~하는 장소

이곳이 그 두 오솔길이 합쳐지는 지점이다.

※ the place와 where 둘 중 하나만 써도 된다.

확인 문제 3

밑줄 위에 적절한 의문사를 넣으세요.

1. Sunday is the only day _____ we can relax.
   일요일은 내가 쉴 수 있는 유일한 날이다.
2. The day _____ I start for the project is drawing near.
   프로젝트를 시작할 날이 임박했다.
3. May I ask you the reason _____ you made that decision?
   당신이 그런 결정을 한 이유를 물어봐도 될까요?
4. Gwangju is the place _____ I come. 광주는 나의 출신지이다.
5. The _____ he says things really make me mad.
   그가 말하는 방식을 나를 정말 화나게 만든다.
6. I can't understand _____ you describe the thief.
   나는 네가 그 도둑을 묘사하는 방법을 이해할 수 없다.
7. I don't like _____ _____ he responds.
   = I don't like _____ he responds.
   나는 그가 응답하는 방법을 좋아하지 않는다.
8. This is the time _____ roses look most beautiful.
   지금이 장미가 가장 예쁘게 보일 때이다.
9. This is the reason _____ he didn't attend the class.
   이것이 그가 수업에 참석하지 못한 이유이다.
10. This coffee shop is the place _____ we meet for the first time.
    이 커피숍이 우리가 처음으로 만난 장소이다.

제19장 모범 답안

확인 문제 1

1. while   2. As, as, let   3. that   4. that, were, with   5. sure
6. whether 또는 if   7. When   8. Although, Though, Even if = Even though
9. if   10. that   11. that   12. whether/if   13. that   14. if   15. While
16. Whether   17. whether   18. whether to

확인 문제 2

②

확인 문제 3

1. when   2. when   3. why   4. where   5. way   6. how
7. the way, how   8. when   9. why   10. where

제20장 비교급

unit 1 기본 개념

핵심 123. He is taller than me. 그는 나보다 더 키가 크다.

※ than: ~보다
※ 형용사나 부사의 끝에 er를 붙이면 비교급이 된다.
예) taller(더 키가 큰), longer(더 긴), bigger(더 큰), younger(더 어린), older(더 나이 든), harder(더 열심히)

핵심 124. He is the tallest in his class. 그는 그의 반에서 가장 키가 크다.

※ 형용사나 부사의 끝에 -est를 붙이면 최상급이 된다.
예) the tallest(가장 키가 큰), the longest(가장 긴), the biggest(가장 큰), the oldest(가장 나이가 많이 든)
※ 최상급 앞에는 the를 붙인다.

핵심 125. ① She looks more beautiful than ever. 전보다 더 예뻐진 것 같다.
② She is the most beautiful woman in her company.
그녀는 회사에서 가장 아름다운 여자이다.

※ 3음절 이상의 긴 단어는 앞에 more, most를 붙여 비교급이나 최상급을 만든다.

③ As time goes by, the work becomes more difficult.
시간이 갈수록 일이 더 어려워진다.
④ The last question on the exam was the most difficult.
시험에서 마지막 문제가 가장 어려웠다.

핵심 126. ① The higher we climb, the colder it gets.
더 높이 올라가면 올라갈수록 점점 더 추워진다.

※ the 비교급~, the 비교급~: ~하면 할수록 더욱 ~하다.

② The more we have, the more we want.
우리는 가지면 가질수록 더욱 더 많이 원한다.

unit 2 비교급의 강조와 원급 비교

핵심 127. She is <u>much</u> more beautiful than her sister. 그녀는 언니보다 훨씬 더 예쁘다.

  ※ 비교급 앞에 much, even, (by) far, still 등은 '훨씬'이라는 뜻으로 비교급을 강조한다.
  (주의) very는 비교급을 강조하는 데 쓰이지 않는다.

핵심 128. This is <u>as big as</u> that. 이것은 저것만큼 크다.

  ※ as 형용사나 부사의 원급 as ~: ~만큼 형용사나 부사 하다.

핵심 129. This is <u>twice as big as</u> that. 이것은 저것보다 두 배 크다.

  ※ 몇 배 as 형용사나 부사의 원급 as ~: ~보다 몇 배 형용사나 부사 하다.
  이때 as와 as 사이가 비교급이 아니라 원급이라는 사실을 기억하라.

확인 문제 1

밑줄을 채우세요.

1. He is _____ _____ me. 그는 나보다 더 키가 크다.
2. You are _____ _____ me. 너는 나보다 어리다.
3. He is _____ _____ in his class. 그는 그의 반에서 제일 키가 크다.
4. This is _____ _____ of all. 이것은 모든 것 중에서 제일 길다.
5. She looks _____ _____ ____ ever. 그녀는 지금까지보다 더 아름다워 보인다.
6. She is _____ _____ _____ woman in her company.
   그녀는 회사에서 제일 아름다운 여자다.
7. The last question is _____ _____ difficult. 마지막 문제가 제일 어렵다.
8. _____ ____ we climb, _____ ____ it gets. 더 높이 올라갈수록 더 추워진다.
9. _____ ____ it is, _____ ____ expensive it gets.
   더 길수록 더 비싸진다.
10. _____ ____ we have, _____ ____ we want.
    더 많이 가질수록 더 많이 원한다.
11. She is _____ heavier than me. 그녀는 나보다 훨씬 더 무겁다.
    이 '훨씬'에 해당하는 말 5개를 쓰라.
12. This is _____ big ____ that. 이것은 저것만큼 크다.
13. I am _____ tall ____ you. 나는 너만큼 키가 크다.
14. This is _____ _____ that. 이것은 저것만큼 길다.
15. This is _____ as _____ as that. 이것은 저것보다 두 배 크다.
16. Mine is three _____ as _____ as yours. 내 것은 너의 것보다 세 배 더 길다.

제20장 모범 답안

📝 확인 문제 1

1. taller, than 2. younger, than 3. the tallest 4. the longest
5. more beautiful than 6. the most beautiful 7. the most
8. the higher, the colder 9. the longer, the more
10. the more, the more 11. much, far, a lot, even, still 12. as, as
13. as, as 14. as, long, as 15. twice, big 16. times, long

제21장 재귀 대명사, 부정 대명사

unit 1 재귀 대명사 기본 개념

핵심 130. 아래의 표를 외워라.

원 대명사	재귀 대명사
I	myself
you	yourself
we	ourselves
he	himself
she	herself
they	themselves
it	itself

핵심 131. 재귀 대명사의 용법

① 재귀적 용법: 목적어로 사용되는 경우(생략할 수 없다)

예 1) I said to myself, "He can't be false."
　　　　　　　　　　　　　　~일 리가 없다.
　　나는 나 자신에게 "그가 틀릴 리가 없어"라고 말했다.
※ say to oneself 자기 자신에게 말하다
예 2) I love myself. 나는 나 자신을 사랑한다.

② 강조 용법: 의미를 강조하기 위해 사용(생략 가능)

예) I ordered him to stop myself. 내가 직접 그에게 중지하라고 명령했다.
※ myself가 없어도 문장 구조에 문제가 없어 생략이 가능하다.

③ 관용적 용법(다음 번호에서 따로 설명)

핵심 132. 재귀 대명사의 관용적 용법

① You must handle this difficult situation for yourself.
　　　　　　　　대처하다, 다루다
※ for yourself 혼자 힘으로
　　너는 혼자 힘으로 이 어려운 상황을 대처해야만 한다.

② He lives all by himself. 그는 아무도 없이 혼자 산다.

※ by oneself: 홀로

③ I enjoyed myself at the party last night. 나는 어젯밤에 파티를 즐겼다.

※ enjoy oneself: 즐기다.

④ Help yourself to these cookies. 이 쿠키를 마음껏 드세요.

※ help yourself to~: ~를 마음껏 드세요.

⑤ Make yourself at home while I finish preparing for the party.
파티 준비를 마칠 동안 편하게 있어요.

※ ① make oneself at home: 편하게 있다.
　② while~: ~하는 동안
　③ prepare for~: ~을 준비하다.

핵심 133. 재귀 대명사 정리

for oneself	혼자 힘으로
by oneself	홀로
help yourself to	~을 마음껏 들다
make yourself at home	편하게 하다.
enjoy oneself	즐기다

확인 문제 1

다음에서 재귀 대명사를 생략하는 것이 가능한 문장을 고르세요.

① I cut myself on a knife.
② I wrote a message to myself.
③ He introduced himself.
④ The doctor said so himself.
⑤ You should avoid fatty meals to keep yourself healthy.

확인 문제 2

밑줄 위에 적절한 단어를 넣어라.

> 1. He stood up _____ himself to overcome all hard time.
>   그는 모든 고난을 극복하고 스스로의 힘으로 자립하였다.
> 2. You'll soon be able to drive by _____.
>   너는 곧 혼자 운전할 수 있게 될 것이다.
> 3. I still know how to enjoy _____! 나는 여전히 즐기는 법을 안다.
> 4. Take off your coat and make yourself _____ home.
>   코트를 벗고 편하게 계세요.
> 5. _____ yourself to anything you like on the table.
>   아무거나 테이블 위에 있는 것을 맘대로 먹어라.
> 6. Watch _____. 조심해
> 7. You must handle this situation _____ _____.
>   너는 이 상황을 더 혼자의 힘으로 다루어야 한다.
> 8. He lives _____ _____. 그는 혼자 외롭게 산다.
> 9. I enjoyed _____ at the party. 나는 파티에서 즐겼다.
> 10. _____ yourself _____ these candies. 이 사탕 많이 드세요.
> 11. Make _____ _____ home, while you stay here.
>   여기서 머무는 동안 편히 쉬세요.

unit 2 부정 대명사

핵심 134. I have two sons. <u>one</u> is a carpenter and <u>the other</u> is a dentist.
나에게 두 아들이 있는데 하나는 목수이고 또 하나는 치과 의사이다.

　　　※ 둘 중에 하나는 one, 나머지는 the other.

핵심 135. ① I have no pen. Can you lend me <u>one</u>. 펜이 없다. 하나 빌려 줄래?
② You bought me a pen yesterday. I lost <u>it</u> this afternoon.
나는 오늘 오후 그것(네가 어제 사준 그 펜)을 잃어버렸다.

　　　※ ①의 경우에는 아무 펜이나 하나 빌려달라는 것이므로 one이고
　　　　②의 경우는 어제 사준 그 펜이므로 it이다.

핵심 136. <u>Some</u> like baseball, and <u>others</u> like basketball.
어떤 사람들은 야구를 좋아하고 또 다른 사람들은 농구를 좋아한다.

　　　※ 정해지지 않은 막연한 일부는 some, 다른 사람들은 others.

핵심 137. There are eleven members in our club, four like baseball, <u>the others</u> like soccer.
우리 클럽에는 열한 명의 회원이 있고, 네 명은 야구를 좋아하고 나머지는 축구를 좋아합니다.

※ 정해진 그룹 중에 일부를 제외한 나머지 the others.

핵심 138. If you don't like the skirt, you can always wear <u>another one</u>.

정해지지 않은 다른 것

그 치마가 마음에 들지 않으면 언제든지 다른 것을 입어도 된다.

확인 문제 3

밑줄에 적합한 단어를 쓰세요.

1. I have two cats. _____ is white and the other is black.
   나에게 고양이 두 마리가 있는데 하나는 희고 다른 것은 검다.
2. Some are for you, _____ are against you.
   어떤 사람들은 너에게 찬성을 하고 다른 사람들은 반대한다.
3. I forgot to bring a pen. Can you lend me _____.
   펜을 가져 오는 것을 잊어버렸는데 하나 빌려 줄 수 있니?
4. I don't like this jacket. Show me _____ one.
   나는 이 재킷이 맘에 안 든다. 다른 것을 보여줘라.

제21장 모범 답안

확인 문제 1

④

확인 문제 2

1. for   2. yourself   3. myself   4. at   5. Help.   6. yourself
7. for yourself   8. by, himself   9. myself   10. Help, to
11. yourself, at

확인 문제 3

1. one   2. others   3. one   4. another

제22장
다양한 동사 활용

unit 1 동사들의 활용에 대한 기본 개념

핵심 139. This rice <u>went bad</u>. It smells sour. 이 밥은 상했다. 쉰 냄새가 난다.

※ become, get, turn, go 다음에 형용사가 오면 '그렇게 되었다'는 뜻이다.
※ smell + 형용사: ~냄새가 난다.
　taste + 형용사: ~맛이 난다.
　look + 형용사: ~게 보인다.
　sound + 형용사: ~게 들린다.

핵심 140. You look foolish. 어리석어 보인다.
= You <u>look like</u> a fool. 바보처럼 보인다.

※ look + 형용사 = look like + 명사

핵심 141. Put on your coat. (O) 코트를 입어라.
Put your coat on. (O)
Take it off. (O) 그것을 벗어라.
Take off it. (X)

※ 목적어가 명사일 경우 동사와 부사(로 쓰인 전치사) 사이에 와도 되고 나중에 와도 되나 대명사일 경우에는 반드시 동사와 전치사 사이에 와야 한다.

핵심 142. There ~, Here ~ 구문에서는 '주어와 동사의 어순'이 바뀌어 '동사 + 주어'가 된다.

예 1) Here comes a foul ball! Catch it! 파울 볼 날아온다! 잡아라!
예 2) There are many kinds of fish in this lake.
　　　이 호수에는 많은 종류의 물고기가 산다.

핵심 143. I gave him a fat cat. 내가 그에게 뚱뚱한 고양이 한 마리를 주었다.
= I gave a fat cat to him.

※ give + 사람 + 물건: 누구에게 무엇을 주다.
= give + 물건 + to 사람
(show, teach, tell, write, send, read 등도 이와 같은 방식으로 쓴다.)

핵심 144. Her mom bouhgt her a new car. 그녀의 엄마가 그녀에게 새 차 한 대를 사주셨다.
　　　　= Her mom bought a new car for her.

　　　※ buy + 사람 + 물건: 누구에게 무엇을 사주다.
　　　= buy + 물건 + for 사람
　　　(make 만들어 주다, cook 요리해 주다, find 찾아주다, choose 선택해 주다 등과 같은 동사도 이와 같은 방식으로 쓴다.)

핵심 145. May I ask you a question. 질문 하나 해도 됩니까?
　　　　= May I ask a question of you?

　　　※ ask + 사람 + 질문 or 부탁: 누구에게 무엇을 질문하거나 부탁하다.
　　　= ask + 질문 or 부탁 + of 사람
　　　(require 요구하다 등도 이와 같은 방식으로 쓴다.)

unit 2 문장 전환의 기본 개념

핵심 146. That he solve this problem is impossible. 그가 이 문제를 푸는 것은 불가능하다.
　　　　　　　주어

　　　= It is impossible that he solve this problem.

　　　※ That ~ problem. 의미상 진짜 주어이나 너무 길어 앞에 오면 모양이 좋지 않아 뒤로 돌린 것. 그리고 앞의 주어 자리를 비워 둘 수 없음으로 해석하지 않는 가주어 it를 둔 형태.

　　　= It is impossible for him to solve this problem.

　　　※ that 이하의 문장(= 절)을 구로 바꾼 형태. to solve의 의미상의 주어는 him 임, 즉 그가 푸는 것임, 이렇게 부정사의 의미상 주어를 이끌어 올 때는 for를 쓴다.

핵심 147. That he solve this problem is kind. 그가 이 문제를 푸는 것은 친절한 일이다.
　　　　　　　주어

　　　= It is kind that he solve this problem. = It is kind of him to solve this problem.

　　　※ 그런데 kind처럼 사람의 성품을 가리키는 단어가 오면 부정사의 의미상 주어를 이끌 때 for가 아니고 of를 쓴다.

확인 문제 1

밑줄을 채우세요.

1. This rice _____ bad. It _____ sour. 이 밥은 상했다. 쉰 냄새가 난다.
2. You look _____ a fool. 너는 바보처럼 보인다.
3. I gave _____ a fat cat. = I gave a fat cat _____ him.
   나는 그에게 뚱뚱한 고양이 한 마리를 주었다.
4. Put your coat _____. 코트를 입어라.
5. Take it _____. 그것을 벗어라.
6. I sent him a letter. = I sent a letter _____ him.
7. He teaches us math. = He teaches math _____ us.
8. She made me a doll. = She made a doll _____ me.
9. He showed me her picture. = He showed her picture _____ us.
10. He told me a story. = He told a story _____ me.
11. He asked me a question. = He asked a question _____ me.
12. What does he require _____ us. 그는 우리에게서 무엇을 요구하니?
13. Here _____ _____ _____. 여기 택시 온다.
14. You look _____. 너는 친절해 보인다.
15. He bought me lunch. = He bought lunch _____ me.
16. _____ he solve this problem is impossible.
    = It is impossible _____ he solve this problem.
    = It is impossible _____ him _____ solve this problem.
    그가 이 문제를 푸는 것은 불가능하다.
17. It is wise _____ you to help him. 네가 그를 도와주는 것은 현명하다.
18. It is difficult _____ her to help me. 그녀가 너를 돕는 것은 어렵다.
19. It is careless _____ you to help him.
    네가 그를 도와주는 것은 부주의한 일이다.

📝 확인 문제 2

다음 문장들에서 어색한 곳을 찾아 고치세요.

1. The milk went badly. It tastes terrible.
2. The leaves turn colorfully in fall.
3. It tastes deliciously.
4. That looks like pretty.
5. His voice sounded strangely on the phone.
6. Put on it because it rains outside.
7. Here a bus comes.
8. May I ask a favor to you?
9. I will show an album for you.
10. I will give one million won for you.
11. He bought to me a new house.
12. He bought a new dress to me.
13. I will make to you a doll.
14. He made a new wooden car to me.
15. What does your mom require to you?
16. I will show to you my paintings.

unit 3 사역 동사, 지각 동사

핵심 148. (make, have, let) + A + 동사 원형: A를 ~하도록 시키다(만들다)

※ make, have, let처럼 ~하도록 시키는 동사를 사역 동사라고 한다.
예) I had my brother continue with the project.
   나는 형이 그 프로젝트를 계속하도록 하였다.
   I got her to meet my brother.
   나는 그녀로 하여금 나의 형제를 만나도록 했다.
※ get 사역 동사에는 to 부정사를 쓴다.

핵심 149. see(보다), hear(듣다), feel (느끼다)와 같은 감각을 나타내는 동사를 지각 동사라고 한다.

핵심 150. 지각 동사 뒤에는 원형 부정사(동사 원형)를 쓴다.

예 1) I saw him to draw a picture. (X)
　　　나는 그가 그림을 그리는 것을 보았다.
※ draw (O) 또는 drawing (O)
※ 지각 동사 뒤에는 to 없는 원형 부정사를 쓰거나 ~ing 형을 써서 him을 꾸며주는 형태로 쓴다.

예 2) I heard her to play the piano in the room. (X)
　　　나는 그녀가 방에서 피아노를 치는 것을 들었다.
※ play (O) 또는 playing (O)

핵심 151. You have to help your brother to do his homework.
너는 너의 형제가 숙제하는 것을 도와주어야 한다.

※ help A (to) 부정사: 누가 ~하는 것을 도와준다.
　to는 생략 가능

= You have to help your brother with his homework.

※ help A with 일: 무슨 일로 A를 돕다.

핵심 152. I heard her [to cry (X), crying (O), cry (O)]. 나는 그녀가 우는 것을 들었다.

※ hear, see 등과 같은 지각 동사 뒤에는 동사 원형(cry)이 오거나, 분사(crying)가 와서 her를 꾸며주든가 해야 한다.

핵심 153. I had my computer fixed. 나는 나의 컴퓨터를 고쳤다.

※ have(get 도 가능) + 사물 + 과거 분사: 무엇이 어떻게 되게 하다.
　(★ 연상: 햇사과, 겟사과)

I had my house painted. 나는 집에 페인트칠을 했다.

확인 문제 3

밑줄을 채우고 ( )에서 적합한 단어를 선택하세요.

1. I h_____ my brother continue. 나는 나의 형제가 계속하게 만들었다.
    = _____ = _____
2. I saw him (draw, to draw, drawing) a picture.
    나는 그가 그림을 그리는 것을 보았다.
3. I heard her _____ the piano.
    나는 그녀가 피아노를 연주하는 것을 들었다.
4. You have _____ help him _____ his homework.
    = You have _____ help him _____ _____ his homework.
    = You have _____ help him _____ his homework.
    너는 그가 그의 숙제를 하는 것을 도와주어야 한다.
5. I had my computer (fix, to fix, fixed, fixing).
6. I had him (fix, to fix, fixing, fixed) my computer.
7. I h_____ my house painted. 나는 나의 집을 페인트칠했다.
    = g_____
8. Let me (know, to know, knowing) your phone number.

확인 문제 4

다음 문장들에서 틀린 곳을 찾아 고치세요. (고칠 필요 없는 문장은 하나 있다.)

1. I made him to study harder than before.
2. Let me to show you my album.
3. I told him sending a letter.
4. I had my sister to go there.
5. I saw her to dance in the living room.
6. I heard him playing the piano.
7. I had my house repair.
8. I had my TV fix.
9. I got my son clean the room.
10. I got my chair paint.

제22장 모범 답안

확인 문제 1

1. went, smells 2. like 3. him, to 4. on 5. off 6. to 7. to
8. for 9. to 10. to 11. of 12. of 13. comes, a taxi
14. kind 15. for 16. that, that, for, to 17. of 18. for 19. of

확인 문제 2

1. The milk went bad. It tastes terrible.
2. The leaves turn colorful in fall.
3. It tastes delicious.
4. That looks pretty. (like 삭제)
5. His voice sounded strange on the phone.
6. Put it on because it rains outside.
7. Here comes a bus.
8. May I ask a favor of you?
9. I will show an album to you.
10. I will give one million won to you.
11. He bought me a new house. (to 삭제)
12. He bought a new dress for me.
13. I will make you a doll. (to 삭제)
14. He made a new wooden car for me.
15. What does your mom require of you?
16. I will show you my paintings. (to 삭제)

확인 문제 3

1. had, let, made 2. draw와 drawing 3. play 또는 playing
4. to, do, to, to do, to, with 5. fixed 6. fix 7. had, got 8. know

확인 문제 4

1. I made him study harder than before. (to 삭제)
2. Let me show you my album. (to 삭제)
3. I told him to send a letter.
4. I had my sister go there. (to 삭제)
5. I saw her dance in the living room. (to 삭제)
6. 틀린 곳 없음
7. I had my house repaired.
8. I had my TV fixed.
9. I got my son to clean the room.
10. I got my chair painted.

제23장
관계 대명사 Ⅰ

unit 1 주격, 목적격 관계 대명사

핵심 154. 관계 대명사 다음의 문장이 관계 대명사 앞에 있는 선행사를 꾸며준다.

핵심 155. I know a girl (who, that) likes you. 나는 너를 좋아하는 소녀를 알고 있다.

※ ① 사람, 주격일 때: who, that
　② 격의 판단: 선행사를 뒤 문장에 넣어서 해석하면 "소녀가 너를 좋아한다."가 된다.
　선행사인 소녀(girl)가 주어로 해석되면 주격 관계 대명사라고 한다.
　(관계 대명사 뒤에 동사가 나오면 무조건 주격 관계 대명사이다)

핵심 156. I know a girl (whom, that, who) you like. 나는 네가 좋아하는 소녀를 안다.

※ ① 사람, 목적격일 때: whom, that, who 모두 가능
　② a girl을 뒤 문장에 넣어 해석하면 "네가 소녀를 좋아한다."가 된다.
　선행사인 소녀(a girl)가 목적어로 해석되므로 이 관계 대명사는 목적격 관계 대명사이다.
　③ 목적격 관계 대명사는 생략할 수 있다.
※ 소유격 관계 대명사에 대해서는 29장에서 공부한다.

핵심 157. I have a dog (which, that) dislikes you 나는 너를 싫어하는 개를 가지고 있다.

※ ① 사물, 주격일 때: which, that
　선행사인 a dog을 뒤에 넣어 해석하면 a dog가 뒤 문장의 주어가 된다.
　② 관계 대명사 뒤에 동사가 나왔으므로 무조건 주격 관계 대명사이다.

핵심 158. I have a dog (which, that) you dislike. 나는 네가 싫어하는 개를 가지고 있다.

※ ① 사물, 목적격일 때: which, that
　② 선행사인 a dog을 뒤 문장에 넣어 해석하면 "네가 개를 싫어한다."가 된다.
　선행사인 개가 목적어로 해석되므로 목적격 관계 대명사이다.
　③ 목적격 관계 대명사이므로 생략이 가능하다.

unit 2 접속사 That 와 유사 관계 대명사 What

핵심 159. ① I don't know that he said. 그가 말한 것을 모른다. (말했다는 사실 자체를 모른다.)
② I don't know what he said. 그가 말한 것을 모른다. (말한 내용을 말한다.)

※ ①의 that은 두 문장을 연결해 주는 접속사이다.
②의 what은 said의 목적어이다.

③ I want to know what is happening.
나는 무슨 일이 일어나고 있는지 알고 싶다.

※ 여기서는 What이 뒤 문장의 주어가 되었다.
what은 뒤 문장의 주어가 되거나 목적어가 된다.

확인 문제 1

다음 밑줄 위에 가능한 관계 대명사나 접속사를 모두 써 넣으세요.
(생략이 가능한지의 여부도 쓰세요.)

1. I have a friend _____ can sing a song well.
   나는 노래를 잘 부르는 친구가 있다.
2. You are the girl _____ I love most.
   너는 내가 가장 사랑하는 소녀이다.
3. This is the painting _____ I like most.
   이것은 내가 가장 좋아하는 그림이다.
4. This is the dog _____ dislikes meat.
   이것은 고기를 싫어하는 개다.
5. This is the cake _____ I bought for you.
   이것은 내가 너를 위해 산 케이크다.
6. I don't know _____ you are talking about.
   네가 무슨 소리 하는지 모르겠다.
7. I don't know _____ he told a lie.
   나는 그가 거짓말을 했다는 사실을 몰랐다.
8. I know a girl _____ likes you. 나는 너를 좋아하는 소녀를 알고 있다.
9. I know a girl _____ you like. 나는 네가 좋아하는 소녀를 알고 있다.
10. I have a dog _____ dislike you. 나는 너를 싫어하는 개를 가지고 있다.
11. I have a dog _____ you dislike. 나는 네가 싫어하는 개를 가지고 있다.
12. You can take _____ you want. 너는 네가 원하는 것을 가질 수 있다.

확인 문제 2

다음 관계 대명사 중 생략 가능한 것 세 개를 고르세요.

① The man that I saw there was your teacher.
② Look at the window which was broken by the wind.
③ The book that is boring isn't sold well.
④ This is the boy who I met in the park yesterday.
⑤ The dog which bit her was shot.
⑥ The man that you met at the park is my teacher.
⑦ The girl who is dressed in blue shirts is my sister.

제23장 모범 답안

확인 문제 1

1. who, that   2. whom, that, who, 생략 가능   3. which, that, 생략 가능   4. which, that
5. which, that, 생략 가능   6. what   7. that   8. who, that
9. who, whom, that, 생략 가능   10. which, that
11. which, that, 생략 가능   12. what

확인 문제 2

①, ④, ⑥

제24장 현재 완료

unit 1 기본 개념

핵심 160. 과거에 발생한 일이 ① 현재까지 계속되거나 ② 현재까지 영향을 주는 경우 또는 ③ 경험 또는 ④ 계속되다 지금 막 끝난 상태를 표현하고 싶을 때는 현재 완료를 쓴다.

※ 현재 완료 공식: have + p.p

핵심 161. 현재 완료(계속 용법)
① He has lived in Seoul for five years. 그는 5년 동안 서울에 살았다.
(지금도 서울에 살고 있다.)

※ for: ~동안

② They have lived in Seoul since 2005. 그들은 2005년 이후로 서울에 살고 있다.
(지금도 서울에 살고 있다.)

※ since: ~이래로
※ 이렇게 과거부터 지금까지 계속되는 상황을 표현하고 싶을 때는 과거 시제가 아니라 현재 완료(have + p.p)를 쓴다.

③ I lived in Seoul. 나는 서울에 살았다(지금은 어디에 살고 있는지 알 수 없다.)

핵심 162. 현재 완료(결과 용법)
① I have lost my blanket. 나는 담요를 잃어버려서 지금 없다.
② I lost my blanket. 지금 담요가 있는지 없는지는 알 수 없다.

핵심 163. 현재 완료(경험 용법)
① She has been to Seoul. 나는 서울에 가본 적이 있다.
② I have never seen such a big worm. 나는 그렇게 큰 벌레를 본 적이 없다.
③ She has gone to Seoul. 그녀는 서울에 가고 없다.

※ have been to ~: 어디에 가본 적이 있다.
  have gone to ~: 어디에 가고 여기 없다.

핵심 164. 현재 완료(완료 용법)
① I have just finished my homework. 나는 나의 숙제를 이제 막 마쳤다.

※ 이렇게 계속되다가 지금 막 끝난 상태를 표현하고 싶을 때에도 현재 완료(have + p.p)를 쓴다.

확인 문제 1

밑줄을 채우세요.

1. He _____ _____ in Seoul _____ five years.
   그는 5년 동안 서울에 살고 있다. (지금까지 죽 살고 있다.)
2. They _____ _____ in Seoul _____ 2005.
   그들은 2005년 이후로 서울에 살고 있다.
3. I _____ _____ my purse. 나는 지갑을 잃어버려 지금 없다.
4. She _____ _____ _____ Seoul. 그녀는 서울에 가본 적이 있다.
5. I _____ never _____ to Busan. 나는 부산에 가본 적이 없다.
6. He has never _____ lions. 그녀는 사자를 본 적이 없다.
7. She has _____ _____ Seoul. 그녀는 서울에 가고 없다.
8. I _____ just _____ my report. 나는 보고서를 이제 막 끝냈다.
9. He _____ _____ to America. 그는 미국에 가본 적이 있다.
10. He _____ _____ to America. 그는 미국에 가고 없다.

확인 문제 2

어순을 바로 잡아 문장을 완성하고 해석하세요.

1. (his, done, has, he, work).
2. (Busan, have, to, I, been).
3. (ox, have, lost, my, I).
4. (America, to, gone, has, she).
5. (never, him, met, before, have, I).
6. (since, sick, Sunday, he, last, been, has).

unit 2 현재 완료 응용

핵심 165. 현재 완료 의문문 만드는 법: have와 주어의 자리만 바꾸면 된다.
A: Have you ever been to North Korea? 너 북한에 가본 적 있어?
B: Yes, I have/ No, I haven't.

※ 현재 완료로 질문하면 현재 완료로 답한다.

핵심 166. I have met the athlete two months ago. (X)

※ 명백한 과거를 나타내는 말과 현재 완료는 같이 쓸 수 없다.

핵심 167. When have you met her? (X)
When did you meet her? (O)

※ when도 명백한 과거를 나타내는 말로 추정된다.

핵심 168. She has been reading a novel for two hours. 그는 두 시간째 소설을 읽고 있다.

※ 과거부터 시작하여 지금까지 계속되는 상황: have + been + ~ing(현재 완료 진행)

핵심 169. just now는 과거에 just는 현재 완료에 쓴다.

unit 3 화법

핵심 170. Do you know? + Where is he?
= Do you know where he is?

※ 간접 의문문: 의문문이 문장의 일부로 들어갈 때는 평서문 형태(순서)로 바뀐다.

핵심 171. She said to me, "What can he do for you" (직접 화법: 말한 그대로 " "를 사용하여 표현)
= She asked me what he could do for me. (간접 화법: 내가 말하는 방식으로 옮겨서 표현하는 법)

※ 위 문장의 you는 실제로 나를 의미하므로 간접 화법에서는 me로 바뀐다.
의문문은 평서문 형태로 바뀌며 can은 앞에 있는 주절의 동사가 asked로 과거형이므로 시제의 일치에 따라 could로 바뀐다.

핵심 172. He said to me, "You look sad" 간접 화법으로 고치면
= He told me that I looked sad.

※ said to는 told로 you가 의미하는 사람은 I, look은 시제의 일치에 따라 looked로 고침.

핵심 173. Tell me + What does he do?
= Tell me what he does.

핵심 174. Do you know? + Did he meet her yesterday?
= Do you know (whether/if) he met her yesterday.

※ whether/if: ~인지 아닌지

핵심 175. He said to me, "Do you like me?"
= He asked me (if 또는 whether) I liked him.
그는 내가 자기를 좋아하는지의 여부를 물었다.

핵심 176. Do you think? + Where does he live?
= Where do you think he lives.

※ think, believe, guess, suppose, imagine 들 같은 생각하는 동사), say 등일 때는 의문사가 맨 앞으로 나간다.

핵심 177. Do you guess? + What are they going to do?
= What do you guess they are going to do.
너는 그들이 무엇을 하려고 한다고 생각하느냐?

※ 생각하는 동사 guess 이므로 의문사가 문장 앞으로 간다.

확인 문제 3

밑줄을 채우세요.

1. _____ you ever _____ _____ North Korea? 북한에 가본 적이 있니?
   Yes, _____ _____. 그래, 가본 적이 있다.
2. She _____ _____ _____ a novel _____ two hours.
   그녀는 2시간째 소설을 읽고 있다.
3. I _____ _____ _____ for one hour.
   나는 한 시간 동안 춤을 추고 있다.
4. They _____ _____ _____ for two hours.
   그들은 두 시간째 싸우고 있다.
5. _____ you know _____ _____ _____. 너는 그가 어디에 있는지 아니?
6. _____ you know _____ _____ _____. 너는 그가 어디에 살고 있는지 아니?
7. Do you know _____ he met her last night?
   너는 어젯밤 그가 그녀를 만났는지 안 만났는지 아니?
8. Do you know _____ he likes me.
   너는 그가 나를 좋아하는지의 여부를 아니?
9. _____ _____ you think _____ _____?
   그가 어디에 살고 있다고 생각하니?
10. _____ _____ you guess _____ _____?
    그가 무엇을 좋아한다고 생각하니?
11. _____ _____ you think _____ _____?
    그가 어디에서 놀고 있다고 생각하니?

확인 문제 4

다음 중 틀린 곳을 바로잡으세요.

1. A: Have you ever seen a squirrel?
   B: No, I didn't.
2. When have you first met him?
3. I have finished my work just now.
4. Tell me what are you doing.
5. Do you know if he went out last night or not?
6. Do you think where he is now?
7. Do you think what they are going to do?
8. I want to know how old is he?
9. She asked me if I can swim.
10. She told me that she like me.
11. He has been eaten for two hours.
12. Do you think what he is doing now?

확인 문제 5

다음 문장의 화법을 바꾸세요.

1. He said to me, "What do you want to do?"
   = He asked me (   ) (   ) (   ) to do.
2. She said to me, "Where do you want to go?"
   = She asked me (   ) (   ) wanted to go.
3. She says, "I am busy. "
   = She says that (   )(   ) busy.
4. He said to her, "Who wrote the letter?"
   = He asked her (   )(   ) (   ) the letter.
5. He said to me, "Can you speak English?"
   = He asked me (   ) (   ) could speak English.
6. She said, "I am very happy."
   = She said that (   ) (   ) very happy.
7. He said to me, "Are you busy?"
   = He asked me (   )(   )(   ) busy.
8. He said, "I bought a new car."
   = He said that (   )(   ) (   ) a new car.
9. He said to me, "Who is she?"
   = He asked me (   ) she (   ).
10. She said, "I will go fishing."
    = She said that (   ) (   ) go fishing.

제24장 모범 답안

확인 문제 1

1. has, lived, for 2. have, lived, since 3. have, lost 4. has, been, to
5. have, been 6. seen 7. gone, to 8. have, finished
9. has, been 10. has, gone

확인 문제 2

1. He has done his work.
2. I have been to Busan.
3. I have lost my ox.
4. She has gone to America.
5. I have never met him before.
6. He has been sick since last Sunday.

확인 문제 3

1. Have, been, to, I, have 2. has, been, reading, for
3. have, been, dancing 4. have, been, fighting 5. Do, where, he, is
6. Do, where, he, lives 7. if/whether 8. if/whether 9. Where, do, he, lives
10. What, do, he, likes 11. Where, do, he, plays

확인 문제 4

1. A: Have you ever seen a squirrel?
   B: No, I haven't.
2. When did you first meet him?
3. I have just finished my work.
4. Tell me what you are doing.
5. if →whether
6. Where do you think he is now?
7. What do you think they are going to do?
8. I want to know how old he is.
9. She asked me if I could swim.
10. She told me that she liked me.
11. He has been eating for two hours.
12. What do you think he is doing now?

확인 문제 5

1. He asked me what I wanted to do.
2. She asked me where I wanted to go.
3. She says that she is busy.
4. He asked her who had written the letter.
5. He asked me if I could speak English.
6. She said that she was very happy.
7. He asked me if I was busy.
8. He said that he had bought a new car.
9. He asked me who she was.
10. She said that she would go fishing.

제25장
시제

unit 1 기본 개념

핵심 178. I knew that he <u>likes</u> me. (X) 나는 그가 나를 좋아하는 것을 알았다.
　　　　　　　　　　　liked(O)
　　※ 앞 주절의 시제가 과거이므로 종속절의 시제도 과거(liked)로 맞추어 주어야 한다.
　　　(시제의 일치)

핵심 179. I learned that the sun <u>rose</u> in the east. (X)
　　　　　나는 해가 동쪽에서 떠오른다는 것을 배웠다.

　　※ 진리, 속담, 습관 등은 시제의 일치의 적용을 받지 않으며 언제나 현재형으로 쓴다.
　　　rose → rises로 바꾸어야 한다.

핵심 180. To my surprise, I knew that the first train <u>had left</u> already. (O)
　　　　　(내가) 놀랍게도 나는 첫 기차가 이미 출발했다는 것을 알았다.

　　※ 과거인 knew보다 더 오래된 것: had + p.p (과거 완료)
　　※ to one's(소유격) + 감정 명사: 누가 ~하게도

핵심 181. I learned that the Korean War <u>had broken out</u> in 1950. (X)
　　　　　나는 한국 전쟁이 1950년에 발발했다고 배웠다.

　　※ break out 발생하다, 발발하다.
　　※ 역사적 사실은 언제나 과거형으로 표현한다.
　　　had broken out → broke out로 바꾸어 주어야 한다.

확인 문제 1

다음 문장들에서 틀린 곳을 바로잡으세요.

1. I was sure that he is telling a lie.
2. I have learned that everything was mortal.
3. I learned that the earth was round.
4. To my pleasant, I knew that he left two hours ago.
5. I learned that Christopher Columbus had discovered the New World in 1492.

확인 문제 2

다음 문장들의 밑줄을 채우세요.

1. I knew that he _____ me. 나는 그가 나를 좋아했다는 것을 알았다.
2. I learned that the sun _____ in the east.
   나는 해가 동쪽에서 뜬다는 것을 배웠다.
3. _____ _____ surprise, I knew that the first train _____ _____ already.
   놀랍게도 나는 첫 열차가 이미 떠났다는 것을 알았다.
4. _____ _____ happiness, she found that he _____ _____ rice already.
   행복하게도 그녀는 그가 이미 밥을 해 놓았다는 것을 알았다.
5. I learned that the Korean War _____ out in 1950.
   나는 한국 전쟁이 1950년에 발발했다는 것을 배웠다.

핵심 182. **미래 완료: (will, shall) + have + p.p**
If I climb the Jiri mountain one more time, I <u>shall have climbed</u> it three times.
내가 지리산을 한 번 더 오르면 세 번 오른 셈이 된다.

※ 미래의 시점을 상정하여 "~하면 결국 ~한 셈이 된다"라고 현재부터 상정된 미래까지 기간에 걸쳐 벌어진 일을 표현하고자 할 때 미래형을 쓴다.

unit 2 부사절일 때의 시제

핵심 183. If it will rain, I won't go on a picnic. (X) 비가 오면 소풍을 가지 않겠다.

※ 부사절일 때는 미래형을 쓰지 않는다. 현재형을 써야 한다.
가지 않겠다(won't)는 동사에 조건을 붙여주는, 즉 꾸며주는 절이기 때문에 부사절이다.
will rain → rains로 바꾸어야 한다.

핵심 184. I will wait until you will like me. (X) 네가 나를 좋아할 때까지 나는 기다리겠다.

※ 역시 기다리겠다(will wait)라는 동사를 꾸며주는 역할을 하므로 부사절이다.
부사절일 때는 현재형을 써야 한다. will like → likes로 바꾸어야 한다.

핵심 185. When he will come back home, I will hold a party. (X)
그가 집에 돌아올 때 나는 파티를 열겠다.

※ 역시 파티를 열겠다(will hold)에 걸리는 부사절이므로 현재형을 써야 한다.
will come back → comes back home로 바꾸어야 한다.

핵심 186. I don't know when(whether, if) he will come back. (O)
나는 그가 언제 돌아올지(돌아올지의 여부를) 모른다.

※ 여기서 when 이하는 부사절이 아니라 know의 목적어가 되는 명사절이므로 미래형을 쓰는 것이 맞다.
※ whether ~: ~인지 아닌지의 여부

확인 문제 3 (핵심 183-186)

다음 문장들에서 틀린 곳을 찾아 바로잡으세요. (틀린 곳 없는 문장은 두 개 있다.)

1. If it will rain tomorrow, I will stay at home.
2. If you will not visit me, I will not try to persuade him.
3. I can't tell you when he will leave.
4. I am wondering if he will congratulate you.
5. I will stay here until you will allow me to go.
6. If it will rain, I won't go on a picnic.
7. If I will climb the Jiri mountain one more time, I shall have climbed it three times.
8. I will wait until you will like me.
9. When he will come back, I will hold a party.
10. I don't know when he comes back.

제25장 모범 답안

확인 문제 1

1. is → was   2. was → is(속담, 진리는 항상 현재형)   3. was → is
4. pleasant → pleasure(to one's 감정 명사임), left → had left
5. had discovered → discovered(역사적 사실은 언제나 과거)

확인 문제 2

1. liked   2. rises   3. To, my, had, left   4. To her, had cooked
5. broke

확인 문제 3

1. If it will rains tomorrow, I will stay at home.
2. If you don't visit me, I will not try to persuade him.
3. 틀린 곳 없음
4. 틀린 곳 없음
5. I will stay here until you allow me to go.
6. If it rains, I won't go on a picnic.
7. If I climbs the Jiri mountain one more time, I shall have climbed it three times.
8. I will wait until you like me.
9. When he come back, I will hold a party.
10. I don't know when he will come back.

제26장
to 부정사 Ⅱ

unit 1 부정사의 활용

핵심 187. (make, have, let) + A + 동사 원형: A를 ~하도록 시키다(만들다)

※ make, have, let 사역 동사(시키는 동사)
예) I had my brother continue with the project. 나는 형이 그 프로젝트를 계속하도록 하였다.

핵심 188. see(보다), hear(듣다), feel(느끼다)와 같은 감각을 나타내는 동사를 지각 동사라고 한다.

핵심 189. 지각 동사 뒤에는 원형 부정사(동사 원형)나 ~ing형(분사)을 쓴다.

예) I saw him to draw a picture. (X)
　　to draw → draw or drawing으로 바꾸어야 한다.

핵심 190. You have to help your brother to do his homework.

※ help A (to) 부정사: A가 ~하는 것을 도와준다. to는 생략 가능

= You have to help your brother with his homework.

※ help + A + with 일: 무슨 일로 A를 돕다.

핵심 191. You had better give up this exam. 너는 이번 시험은 포기하는 것이 더 낫겠다.

※ had better + 동사 원형: ~하는 것이 더 낫다.

You had better not give up this exam. 너는 이번 시험을 포기하지 않는 것이 낫겠다.

※ had better 부정은 had better not

핵심 192. I cannot but respect her. 나는 그녀를 존경하지 않을 수 없다.

※ cannot but + 동사 원형: ~하지 않을 수 없다.

= I cannot help respecting her.

※ cannot help ~ing: ~하지 않을 수 없다. 이때 help는 피하다(avoid)의 의미임

핵심 193. She did nothing but shed tears. 그녀는 눈물을 흘릴 뿐이었다.

※ ① do nothing but + 동사 원형: ~할 뿐이다.
　② shed tears: 눈물을 흘리다.

확인 문제 1

다음 중 어색한 표현을 고치세요.

1. I made him to go and take a rest.
2. He let me to fix his computer.
3. He told me to not cry.
4. I saw her to dance in the classroom
5. I heard her to shout at the front door.
6. You had not better run the risk of losing much money.
7. I could not but to dismiss him.
8. I cannot help admire your wisdom.
9. He did nothing but shouting at me.

확인 문제 2

다음 문장들에서 밑줄을 채우거나 ( ) 안에서 적절한 것을 모두 고르세요.

1. I had my brother (to clean, clean) my room.
   나는 나의 형에게 방을 청소하도록 시켰다.
2. I will l_____ her know your number.
   나는 그녀에게 너의 번호를 알려주겠다.
3. I saw him (dance, dancing, to dance).
   나는 그녀가 춤을 추는 것을 보았다.
4. You have to help your mother (to cook, cook, cooking).
   너는 엄마가 요리하시는 것을 도와야 한다.
5. You _____ better give up. 너는 포기하는 것이 더 좋겠다.
6. You _____ better (to not, not to, not) give up.
   너는 포기하지 않는 것이 더 낫겠다.
7. He _____ _____ stop smoking. 너는 흡연을 중지하는 것이 낫겠다.
8. I cannot (but, but to) hate her.
   나는 그녀를 미워할 수밖에 없다.
9. I cannot help (hating, to hate, hate) her.
   나는 그녀를 미워할 수밖에 없다.
10. She did nothing (but to cry, but cry).
    그녀는 울기만 할 뿐이었다.

핵심 194. ① I have no pen <u>to write</u>. (X)

※ to write with (O), to write 하면 펜을 쓰는 것이 된다.
펜을 가지고 쓰는 것이므로 with를 붙여야 한다.

② I have a sheet of paper <u>to write on</u>. (O)

※ 종이 위에 쓰는 것이므로 뒤에 on을 반드시 붙여야 한다.

핵심 195. <u>To put together</u> these pieces is not easy. 이 조각들을 조립하는 것은 쉽지 않다.
= It's not easy to put together these pieces.

※ it는 가주어, to put together는 진주어.

unit 2 부정사의 의미상 주어

핵심 196. It's not easy <u>for</u> you <u>to put together</u> these pieces.

※ to put together(조립하는 것)의 의미상의 주어는 you, 부정사의 의미상의 주어를 이끌 때는 for를 쓴다.

핵심 197. It's very kind <u>of you</u> to donate to the charity. 네가 자선 단체에 기부하는 것은 친절한 일이다.

※ kind와 같이 사람의 성품을 가리키는 단어가 올 때: 부정사의 의미상 주어를 이끌 때 of를 쓴다.

핵심 198. How foolish <u>of you</u> <u>to trust</u> him. 그를 신뢰하다니 당신도 바보군요.

확인 문제 3

다음 문장들에서 어색한 곳을 찾아 고치세요.

1. I have no friends to play.
2. I have no paper to write with.
3. That's not easy to please him.
4. It's almost impossible him to find his way in the mountains.
5. It's very difficult of her to solve the problem by herself.
6. It's careless for her to marry him.
7. How kind for you to lend him some money!
8. How careful for you to ask about the issue!
9. I have no house to live.
10. It was rude for him to behave like that.
11. It was careless for him to sleep at her home.

확인 문제 4

다음 문장들에서 밑줄을 채우세요.

1. I have no pen to write _____. 나는 가지고 쓸 펜이 없다.
2. I have a sheet of paper to write _____.
   나는 쓸 종이 한 장을 가지고 있다.
3. It's not difficult _____ him _____ solve this problem.
   그가 이 문제를 푸는 것을 어렵지 않다.
4. It is impossible _____ _____ _____ drive.
   그녀가 운전하는 것은 불가능하다.
5. It is easy _____ _____ _____ learn how to drive.
   네가 운전하는 법을 배우는 것은 쉽다.
6. It's very kind _____ you to help me. 네가 나를 도와주니 친절하다.
7. How careless _____ _____ to meet her!
   네가 그 여자를 만나는 것은 얼마나 부주의한 일인가!

unit 3 too~ to 부정사 용법

핵심 199. He is <u>too</u> weak <u>to</u> take care of himself. 그는 자기 자신을 돌보기에는 너무 어리다.

※ too~to~ 부정사: ~하기에는 너무 ~하다. (즉 너무 ~해서 ~할 수 없다.)

= He is <u>so</u> weak <u>that</u> he can't take care of himself.

※ so ~that ~can't: 너무 ~해서 that 이하 할 수 없다.

핵심 200. The rabbit ran <u>so</u> fast <u>that</u> he couldn't chase it.
= The rabbit ran too fast <u>for him</u> to chase.
토끼가 너무 빨리 달려서 그는 그것을 추격할 수 없었다.

※ 부정사의 의미상 주어를 이끌 때: for를 쓴다.

핵심 201. He is so diligent <u>that</u> he will handle the customer's complain right away.
그는 부지런해서 고객의 불만을 즉시 처리할 것이다.
= He is diligent <u>enough to</u> handle the customer's complain right away.

※ 형용사 enough to + 부정사: ~할 만큼 충분히 형용사 하다.

핵심 202. She is <u>so</u> intelligent <u>that</u> she will not put off treating such an important problem.
그녀는 현명해서 그렇게 중요한 문제를 다루는 일을 연기하지 않을 것이다.
= She is <u>so</u> intelligent <u>enough not to</u> put off treating such an important problem.

※ diligent enough not to 부정사: ~하지 않을 만큼 충분히 부지런하다.

핵심 203. I met him <u>in order to</u> help him. 나는 그를 돕기 위해 그를 만났다.
= I met him <u>so that</u> I <u>might</u> help him.

※ in order to 부정사 = so as to 부정사 = ~하기 위하여
※ so that A may~: A가 ~하도록

핵심 204. I was careful so as not to hurt his feeling.
나는 그의 감정을 상하게 하지 않으려고 주의했다.
= I was careful <u>lest</u> I <u>should</u> hurt his feeling.

※ lest A should ~: A가 ~하지 않도록

확인 문제 5

밑줄 위에 적절한 단어를 써 넣으세요.

1. He is so strong that he will be able to endure any difficulties.
    = He is so strong enough _____ be able to endure any difficulties.
    그는 충분히 강해서 어떤 어려움도 인내할 수 있을 것이다.
2. It moved so quickly that I couldn't follow it.
    = It moved _____ quickly _____ me to follow.
    그것은 너무 빨리 움직여서 나는 그것을 따라갈 수 없었다.
3. He was too weak to stand.
    = He was _____ weak _____ he couldn't stand.
    그는 너무 약해서 서 있을 수 없다.
4. He runs so slowly that he can't win the game.
    = He runs _____ slowly _____ win the game.
    그는 너무 천천히 달려서 경주에서 이길 수 없다.
5. He is _____ weak _____ take care of himself.
    그는 너무 약해서 자신을 돌볼 수 없다.
    = He is _____ weak _____ he can't take care of himself.
6. The rabbit ran _____ fast that he couldn't chase it.
    = The rabbit ran _____ fast _____ _____ to chase.
    토끼가 너무 빨리 달려서 그는 그것을 따를 수 없었다.
7. He is old _____ _____ marry.
    그는 결혼할 정도로 충분히 나이가 들었다.
8. He is _____ rich _____ he can buy me a car.
    그는 매우 부유해서 나에게 차를 한 대 사줄 수 있다.
    = He is _____ enough _____ buy me a car.
9. I met him in _____ to discuss the problem.
    나는 그 문제를 토의하기 위해 그를 만났다.
    = I met him _____ that I would discuss the problem.
10. I was careful _____ to spill juice.
    나는 주스를 흘리지 않으려고 주의했다.
    = I was careful _____ I _____ spill juice.

unit 4 부정사를 사용한 문장 전환과 시제

핵심 205. He told me to meet her.
   = I was told to meet her.

핵심 206. They say that you like me.
   = That you like me is said. (목적어 절 전체가 주어로 쓰인 경우)
   = It is said that you like me. (가주어 it로 교체된 경우)
   = You are said to like me. (의미상 이 표현도 가능)

핵심 207. To tell the truth, I don't like you any more.
   사실을 말하자면 나는 너를 더 이상 좋아하지 않는다.

   ※ to tell the truth 사실을 말하자면
      not ~any more: 더 이상 ~하지 않는다.

핵심 208. She can dance well, not to speak of singing.
   그녀는 노래는 물론이고 춤도 잘 출 수 있다.

   ※ not to speak of~: ~에는 말할 것도 없고

핵심 209. To begin with, we must prepare for the exam.
   우선 우리는 시험을 준비해야 한다.

   ※ to begin with: 우선

확인 문제 6

밑줄 위에 적합한 말을 넣으세요.

1. To _____ the truth, I think you are not able to carry out that project.
   솔직히 말하자면 나는 네가 그 작업을 수행할 수 없을 것이라고 생각한다.
2. Not to _____ of math, I am very good at science.
   수학은 말할 것도 없고 나는 과학도 잘한다.
3. To begin _____, you must prepare for breakfast.
   우선 너는 아침을 준비해야 한다.
4. He told me to meet her. = I _____ told _____ meet her.
5. They say that you like me. = _____ you like me _____ said (by them).
   *( )는 생략 가능
   = _____ is said _____ you like me.
   = _____ are said _____ like me.
6. To _____ the truth, I don't like you _____ _____.
   사실을 말하자면 나를 너를 더 이상 좋아하지 않는다.

핵심 210. ① I am to receive luggage from him. 나는 그로부터 오는 수하물을 받게 되어 있다.
② Man is to die sometime. 사람은 언젠가 죽게 되어 있다.

※ be to 부정사: ~하기로 되어 있다. (운명, 예정)

핵심 211. I think it difficult to discuss the religious theory.
종교 이론을 토의하는 것은 어렵다고 생각한다.

※ it는 가목적어, to discuss는 진목적어
※ 주의:가목적어로 that는 쓰면 안됨

확인 문제 7

다음 중 어색한 곳을 찾아 고치세요.

1. I am to meeting him here at 3.
2. I think that rude of you to say so to your mother.

📝 확인 문제 8

밑줄을 채우세요.

1. You _____ to leave today. 너는 오늘 떠나기로 되어 있다.
2. He is _____ receive that money. 너는 그 돈을 받아야 한다.
3. Man is _____ die. 사람은 다 죽게 되어 있다.
4. I think _____ difficult _____ find the lost key.
   잃어버린 키를 찾는 어렵다고 생각한다.
5. I think _____ easy _____ clean the room.
   나는 방을 청소하는 것이 쉽다고 생각한다.

핵심 212. It seems that he is rich. 그는 부자인 것처럼 보인다.

※ It seems that 절: ~처럼 보인다.

= He seems to be rich.

※ seem to 부정사: ~인 것처럼 보인다.

핵심 213. It seems that he invented the cleaning robot.
그는 청소용 로봇을 발명한 것처럼 보인다.

= He seems to have invented the cleaning robot.

※ 한 시제 앞선 부정사: to have + p.p

핵심 214. It seems that he met a burglar in the forest.
그는 숲속에서 강도를 만난 것 같아 보인다.

= He seems to have met a burglar in the forest.

※ seem to 부정사: ~하는 것처럼 보인다.
※ 한 시제 앞서가는 부정사: to have + p.p

핵심 215. I swim every day so that I can stay healthy.
그녀는 건강을 유지하기 위해 매일 수영한다.

※ so that 절: ~할 수 있도록

= I swim every day in order to stay healthy.
= I swim every day so as to stay healthy.

※ so as to 부정사 = in order to 부정사: ~하기 위하여

핵심 216. I worked hard <u>so that</u> my son <u>might</u> continue his study.
= I worked hard <u>in order</u> <u>for my son to continue</u> his study.
나는 나의 아들이 공부를 계속 할 수 있도록 열심히 일했다.

※ (in order) for + 부정사의 의미상의 주어 + to 부정사: 누가 ~하도록
  (in order는 생략 가능)

핵심 217. I was very careful <u>lest</u> I <u>should</u> spill the juice.
나는 쥬스를 흘리지 않으려고 매우 조심했다.

※ lest A should ~ : A가 ~하지 않도록

= I was very careful <u>so as not to</u> spill the juice.

※ so as not to 부정사: ~하지 않도록
  = in order not to 부정사
※ to 부정사의 부정은 not to 부정사

핵심 218. <u>It is likely that</u> he feels responsible for the accident.
그는 그 사고에 대해 책임을 느끼는 것 같다.

※ It is likely that~ : that 이하인 것 같다.
※ feel responsible for ~ : ~에 대해 책임을 느끼다.

= He <u>is likely to</u> feel responsible for the accident.

※ be likely to 부정사: ~하는 것 같다.

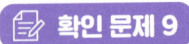 확인 문제 9

문장들이 같은 뜻이 되도록 밑줄 위에 적합한 말을 넣으세요.

1. It seems that you are enduring many difficulties.
   = _____ seem _____ be enduring many difficulties.
2. It seems that a war will break out.
   = A war _____ _____ break out.
3. It seems that he worked as a astronomer.
   = He seems _____ _____ _____ a astronomer.
4. It seems that she was a agent.
   = She seems to _____ _____ a agent.
5. To tell you the truth, I go to library everyday so that I may meet a beautiful clerk.
   = To tell you the truth, I go to library everyday in _____ _____ meet a beautiful clerk.
   = To tell you the truth, I go to library everyday so _____ _____ meet a beautiful clerk.
   = To tell you the truth, I go to library everyday _____ meet a beautiful clerk.
6. I tried my best so that my children may live in a new house.
   = I tried my best in order _____ my children _____ live in a new house.
   = I tried my best _____ my children _____ live in a new house.
7. I moved carefully lest I should wake up my baby.
   = I moved carefully so _____ _____ to wake up my baby.
8. It is likely that he created the model.
   = He is _____ _____ _____ created the model.
9. It seems _____ he is rich. 그는 부자인 것처럼 보인다.
   = He seems _____ _____ rich.
10. It seems _____ he was rich. 그는 부자였던 것처럼 보인다.
    = He seems _____ _____ _____ rich.
11. It seems that he invented the cleaning robot.
    = He seems _____ _____ _____ the cleaning robot.
12. It _____ _____ you _____ me. 네가 나를 좋아하는 것 같다.
    = You _____ _____ _____ me.
13. I swim every day _____ that I can stay healthy.
    그녀는 건강을 유지하기 위해 매일 수영한다.
    = I swim every day in _____ to stay healthy.
    = I swim every day so _____ to stay healthy.
    = I swim every day _____ stay healthy.

14. I worked hard so that my son might continue his study.
    = I worked hard in _____ _____ my son to continue his study.
15. I tried hard _____ that you could meet your family.
    나는 네가 가족을 만날 수 있도록 열심히 노력했다.
    = I tried hard _____ order _____ you to meet your family.
    = I tried hard _____ you to meet your family.
16. I was very careful _____ I should spill the juice.
    나는 주스를 흘리지 않으려고 주의를 기울였다.
    = I was very careful so as _____ _____ spill the juice.

제26장 모범 답안

확인 문제 1

1. to 삭제   2. to 삭제   3. to not → not to   4. to 삭제   5. to 삭제
6. had not better → had better not   7. but 다음의 to 삭제
8. admire → admiring   9. shouting → shout

확인 문제 2

1. clean   2. let   3. dance, dancing   4. to cook, cook   5. had
6. had, not   7. had better   8. but   9. hating   10. but cry

확인 문제 3

1. to play with   2. with → on   3. that → it   4. for him   5. of → for
6. for → of   7. for → of   8. for → of   9. to live → to live in
10. for → of   11. for → of

확인 문제 4

1. with   2. on   3. for, to   4. for, her, to   5. for, you, to
6. of   7. of, you

확인 문제 5

1. to   2. too, for   3. so. that   4. too, to   5. too, to, so, that
6. so, too, for, him   7. enough to   8. so, that, rich, to   9. order, so
10. not, lest, should

확인 문제 6

1. tell 2. speak 3. with 4. was, to 5. That, is, It, that, You, to
6. tell, any more/any longer

확인 문제 7

1. I am to meet him here at 3.
2. I think it rude of you to say so to your mother.

확인 문제 8

1. are 2. to 3. to 4. it, to 5. it, to

확인 문제 9

1. You, to 2. seems, to 3. to have worked 4. have, been
5. order, to, as, to, to 6. for, to, for, to 7. as, not 8. likely, to, have
9. that, to, be 10. that, to, have, been 11. to, have, invented
12. seems, that, like, seem, to, like 13. so, order, as, to
14. order, for 15. so, in, for, for 16. lest, not, to

제27장 조동사 II

unit 1 기본 조동사 활용

핵심 219. He must be sick in bed now. 그는 지금 아파서 누워 있음에 틀림없다.

※ must be ~: ~임에 틀림없다.

핵심 220. He can't be an actor. 그가 배우일 리가 없다.

※ can't be~: ~일 리가 없다.

핵심 221. He may have been upset. 그는 화가 났었을지도 모른다.

※ may have + p.p: ~했을지도 모른다.

핵심 222. He must have been punished for absence from class.
그는 수업을 빼먹은 것 때문에 벌을 받았음에 틀림없다.

※ must have + p.p: ~했음에 틀림없다.

핵심 223. He cannot have been injured. 그가 상처를 입었을 리가 없다.

※ cannot have + p.p: ~했을 리가 없다.

핵심 224. You should have emphasized the way he treated that problem.
너는 그가 문제를 처리한 방식을 강조했어야 한다.

※ should have + p.p: ~했어야 하는데 안 했다.

핵심 225. You should not have argued with him. 너는 그와 논쟁을 하지 말았어야 했다.

※ should not have + p.p: ~하지 말았어야 했다.

핵심 226. I would rather remain single than marry such an ugly man.
나는 그렇게 못생긴 남자와 결혼하느니 혼자 사는 것이 낫겠다.

※ would rather A than B: B 하느니 A 하는 것이 낫겠다. (A와 B는 동사 원형)

핵심 227. I would rather drink coffee than tea. 나는 차보다 커피를 마시는 것을 더 좋아한다.

핵심 228. I would rather not refuse his propose. 나는 그의 제안을 거절하고 싶지 않다.

　　※ would rather의 부정은 would rather not.

핵심 229. The doctor insisted that the patient (should) limit his use of alcohol.
　　　　의사는 그 환자가 알코올의 사용을 제한해야 한다고 주장했다.

　　※ 주장(insist), 요구(demand), 명령(order, command), 제안(recommend, propose, advise)과 같이 당위성을 강조하는 동사들의 목적어 절에는 시제에 상관없이 should 원형이나 should를 생략하고 원형을 쓴다.

핵심 230. It was natural that you should try to prevent him from marrying her.
　　　　네가 그가 그녀와 결혼하는 것을 막으려고 시도하는 것은 당연하다.

　　※ It is (natural, important, necessary, good, bad, right, wrong, rational, surprising, amazing, shocking, strange, a pity, no wonder 등과 같은 형용사) + that 주어절일 경우: that 절에는 should + 동사 원형 또는 should를 생략하고 동사 원형을 쓴다.
　　위 (　) 안의 형용사들을 이성 판단의 형용사와 감정 판단의 형용사라고 한다.
　　즉 that 절의 내용이 이성적으로 판단해 볼 때 당연하다든지, 중요하다든지, 필요하다든지, 좋다든지, 나쁘다든지 또는 감정적으로 판단해 볼 때 놀랍다든지, 충격적이라든지, 이상하다든지 등등의 경우에는 that절에 should + 원형, 또는 원형을 쓴다는 뜻이다.

확인 문제 1

다음 밑줄 위에 알맞은 말을 넣어라.

1. He _____ be disappointed at the news. 그는 그 소식에 실망했음에 틀림없다.
2. The rumor _____ be true. 그 소문이 사실일 리가 없다.
3. He _____ have broken the vase. 그가 꽃병을 깼을지도 모른다.
4. She _____ _____ talked about you negatively.
   그녀가 너에 대해 부정적으로 말했음에 틀림없다.
5. They _____ _____ criticized your paintings.
   그들이 너의 그림들을 흠잡았을 리가 없다.
6. You _____ _____ selected a small house.
   너는 작은 집을 선택했어야 했다.
7. You _____ _____ _____ elected him chairman.
   너희는 그를 의장으로 선출하지 말았어야 했다.
8. I would _____ go alone than go with him.
   그와 함께 가느니 차라리 혼자 가겠다.
9. He _____ _____ sick in bed now. 그는 지금 아파서 누워 있음에 틀림없다.
10. He _____ _____ an doctor. 그가 의사일 리가 없다.
11. He _____ _____ been upset. 그는 화가 났었을지도 모른다. (과거 추측)
12. He _____ _____ _____ punished for absence from class.
    그는 수업을 빼먹은 것 때문에 벌을 받았음에 틀림없다.
13. He _____ _____ _____ injured.
    그가 상처를 입었을 리가 없다.
14. You _____ _____ said what you know.
    네가 알고 있는 것을 말을 했어야 하는 건데. (안 했다.)
15. You _____ _____ have _____ that you knew her.
    네가 그녀를 알고 있다고 말하지 말했어야 하는데.
16. I _____ rather remain single _____ marry such an ugly man.
    나는 그런 못생긴 남자와 결혼하느니 차라리 혼자 살겠다.
17. I would rather _____ refuse his propose.
    나는 그의 제안을 거절하고 싶지 않다.

확인 문제 2

다음 문장들에서 어색한 곳을 찾아 고치세요.

1. He insisted that I made him a key.
2. I would rather to destroy the pot than give it to her.
3. It is natural that you persuaded me to stop that careless course.
4. It is important that you said frankly to the police.
5. You should have not shouted before many students.

핵심 231. I <u>could not help feeling</u> pity for the beggar.
나는 그 거지에게 동정심을 느끼지 않을 수 없었다.

※ can not help ~ing: ~하지 않을 수 없다.

핵심 232. People <u>cannot but</u> protest against injustice.
사람들은 부정행위를 보고 항의하지 않을 수 없다.

※ can not but 동사 원형: ~하지 않을 수 없다.

핵심 233. We <u>cannot</u> empahsize the importance of health <u>too much</u>.
건강의 중요성은 아무리 강조해도 지나치지 않다.

※ cannot ~ too much: 아무리 ~해도 지나치지 않다.

핵심 234. You <u>may well</u> hate him thoroughly. 네가 그를 철저하게 미워하는 것도 당연하다.

※ may well 동사 원형: ~하는 것도 당연하다.

핵심 235. We <u>may as well</u> break up as long as you keep your bad habit.
너의 나쁜 습관을 계속하는 한 우리는 헤어지는 것이 낫겠다.

※ may as well + 동사 원형: ~하는 것이 더 낫겠다.
※ as long as ~: ~하는 한

확인 문제 3 (핵심 231-235)

밑줄 위에 알맞은 단어를 써 넣으세요.

1. He is depressed and cannot _____ crying.
   그는 슬퍼서 울지 않을 수 없었다.
2. She may _____ be proud of her son.
   그녀가 아들을 자랑하는 것도 당연하다.
3. You may _____ well keep the money in your wallet.
   돈을 지갑에 간수하는 게 좋을 거야.
4. We cannot _____ study foreign languages.
   우리는 외국어를 배울 수밖에 없다.

제27장 모범 답안

확인 문제 1

1. must 2. can't 3. may 4. must, have 5. can't, have
6. should, have 7. should, not, have 8. rather 9. must, be
10. can't, be 11. may, have 12. must, have, been
13. cannot, have, been 14. should, have 15. should, not, said
16. would, than 17. not

확인 문제 2

1. He insisted that I should make 또는 make him a key.
2. I would rather destroy the pot than give it to her. (to 삭제)
3. It is natural that you should persuade 또는 persuade me to stop that careless course.
4. It is important that you should say 또는 say frankly to the police.
5. You should not have shouted before many students.

확인 문제 3

1. help 2. well 3. as 4. but

제28장 가정법

unit 1 기본 개념, 현재 사실의 반대를 가정하는 경우

핵심 236. 영문법에서 가정법은 현재 사실의 반대나 과거 사실의 반대를 가정할 때 즉 실제 사실의 반대를 가정할 경우의 문법이다.

※ 단순히 내가 앞으로 선생님이 된다면(If I become a teacher in the future) 같은 문장은 그냥 가정이지 이 장에서 논하는 가정법의 영역이 아니다.

※ 현재 사실의 반대를 가정할 때: if 절에는 과거시제, 주절에는 (would, should, could, might) + 동사 원형
예) If I had a computer, I could play the games.
컴퓨터가 있다면 게임을 할 텐데. (실제로는 컴퓨터가 없어서 게임을 못 한다.)
= As I don't have a computer, I can not play the games.
※ 실제로는 컴퓨터가 없는데 "컴퓨터가 있다면" 하고 가정하는 것이 이 장에서 논하는 가정법 영역이다.

핵심 237. If I knew her address, I could write to her.
내가 그녀의 주소를 안다면 그녀에게 편지를 쓸 텐데.
= As I don't know her address, I can't write to her.

※ 내용이 과거라서 knew를 쓴 것이 아니라 현재 사실의 반대를 가정하기 때문에 과거 (knew)를 쓴 것이다. 역시 주절에는 (would, should, could, might) + 동사 원형

핵심 238. If I were a bird, I would fly to you. 내가 새라면 너에게 날아갈 텐데.
(실제로는 새가 아니라서 못 날아간다.)

※ 내가 새가 아닌데 새라면 하고 역시 현재 사실의 반대를 가정.
현재 사실의 반대를 가정할 때는 be 동사는 인칭에 상관없이 were를 쓴다.

예) If I <u>were</u> you, I <u>would not meet</u> her. 내가 너라면 그녀를 만나지 않을 텐데.
※ 현재 사실의 반대를 가정하는 경우이므로 if 절에는 과거시제, 주절에는 would + 동사 원형

핵심 239. I sleep with the window open <u>unless</u> it's really cold.

※ unless ~: ~하지 않는 한, ~ 하지 않으면
나는 날씨가 정말 추울 때 외에는 창문을 열어 놓고 잠을 잔다.

📝 확인 문제 1

1. If I _____ a computer, I _____ play the games.
   = As I don't have a computer, I can not play the games.
   내가 컴퓨터가 있다면 게임을 할 수 있을 텐데
2. If I _____ free. I could go to the library.
   내가 자유롭다면 도서관에 갈 텐데.
3. If I _____ you, I _____ not help him. 내가 너라면 그를 돕지 않을 텐데.
4. If I _____ her address, I could write to her.
   = As I don't know her address, I can't write to her.
   내가 그녀의 주소를 안다면 그녀에게 편지를 쓸 수 있을 텐데.
5. If I _____ a bird, I would fly to you. 내가 새라면 너에게 날아갈 텐데.
6. _____ I know her address, I could write to her.
   = If I knew her address, I could write to her.
   내가 그녀의 주소를 안다면 내가 그녀에게 편지를 쓸 수 있을 텐데.
7. If you _____ me, you would like me.
   네가 나를 안다면 나를 좋아할 텐데. (실제로는 나를 몰라 나를 좋아하지 않는다.)
8. If the sea _____ land, there would be no farewell
   바다가 육지라면 이별은 없을 텐데
9. If I _____ a millionaire, I _____ buy you a house
   내가 백만장자라면 너에게 집을 사줄 수 있을 텐데.

unit 2 과거 사실의 반대를 가정하는 경우

핵심 240. If I had known the fact, I would have told you.
내가 그 사실을 알았더라면 너에게 말했을 텐데.

※ 과거 사실의 반대를 가정할 때: if 절에는 과거 완료 시제, 주절에는 (would, could, should, might) + have + p.p

= As I didn't know the fact, I didn't tell you.
= Had I known the fact, I would have told you.

※ 가정법 문장에서 if를 생략되면 의문문 형태로 바뀐다.

핵심 241. If I had been free yesterday, I would have helped you.
= As I was not free yesterday, I couldn't help you.
내가 어제 자유로웠더라면 너를 도왔을 텐데.

※ 실제로는 자유롭지 않았는데 자유로웠더라면 하고 과거 사실의 반대를 가정:
if 절에는 과거 완료(had + p.p), 주절에는 (would, could, should, might) + have + p.p

핵심 242. If I had followed his advices, I would be rich now.
내가 그의 조언을 따랐더라면 내가 지금 가난하지 않을 텐데.

※ if 절은 과거 사실의 반대이므로 had + p.p이나 주절은 '현재 ~하지 않을 텐데'이므로 would + 원형
즉 과거 사실의 반대를 가정할 때의 if 절 용법과, 현재 사실의 반대를 가정할 때의 주절 용법이 혼합된 형태

unit 3 유사 가정법 구문

핵심 243. I wish I had a computer. = I am sorry that I don't have a computer.

※ 실제로는 컴퓨터가 없는데 있었으면 좋겠다고 현재 사실의 반대를 가정하여 원하는 것이므로 과거 시제(had)를 썼다.

핵심 244. I wish that I had been more diligent in my youth.
내가 젊었을 때 좀 더 근면했으면 좋았을 텐데.

※ 과거에 실제로는 게을렀는데 부지런했더라면 좋았겠다고 과거 사실의 반대를 가정하여 원하는 것이므로 과거 완료(had + p.p) 시제를 썼다.

핵심 245. He talks as if he had seen the accident.
　　　　　　　　　　~인 것처럼
그는 자기가 그 사고를 본 것처럼 말한다.

※ 실제로는 그 사고를 보지 못했는데 본 것처럼 즉 과거 사실의 반대처럼 말하므로 과거 완료 (had + p.p) 시제를 쓴 것이다.

핵심 246. He looked as if he had seen a ghost.
그는 유령을 본 것처럼 보였다. (실제로는 보지 않은 것임)

핵심 247. Without water, nothing could live. 물이 없다면 아무것도 살 수 없다.

※ Without ~이 없다면(현재 사실의 반대) or ~이 없었다면(과거 사실의 반대)

= If It were not for water, nothing could live.

※ If It were not for ~이 없다면
물이 없다면 하고 현재 사실의 반대를 가정한 것이므로 주절의 시제가 can live가 아니고 could live이다.

= But for water, nothing could live.

※ But for ~이 없다면

핵심 248. Without your help, I would have failed.
너의 도움이 없었더라면 나는 실패했을 것이다.
= If it had not been for your help, I would have failed.

※ If it had not been for ~이 없었다면
실제로는 너의 도움이 있어서 실패하지 않았는데 너의 도움이 없었더라면 하고 과거 사실의 반대를 가정했으므로 주절의 시제가 would + have + p.p가 된 것이다.

핵심 249. If she should come to meet me tomorrow, I would be very happy.
그녀가 내일 나를 만나러 온다면 나는 행복할 텐데.

※ 가능성이 거의 없어 보이는 일을 가정할 때는 should를 쓴다.

If the sun were to rise in the west, I would like you.
해가 서쪽에서 뜬다면 나는 너를 좋아할 것이다.

※ 완전히 불가능한 일을 가정할 때는 were to 부정사를 쓴다.

확인 문제 2

1. I wish I _____ a computer. = I am sorry that I don't have a computer.
   내가 컴퓨터를 가지고 있으면 좋겠다. (실제로는 가지지 않은 상태)
2. I wish that I _____ _____ more diligent in my youth.
   내가 젊었을 때 좀 더 근면했으면 좋았을 텐데.
3. He talks as if he _____ _____ the accident.
   그는 자기가 그 사고를 본 것처럼 말한다. (실제로는 보지 못했다.)
4. He looked as if he _____ _____ a ghost.
   그는 유령을 본 것처럼 보였다. (실제로는 보지 못했다.)
5. _____ water, nothing could live.
   = If It _____ _____ _____ water, nothing could live.
   = _____ _____ water, nothing could live.
   물이 없다면 아무것도 살 수 없다.
6. Without your help, I _____ _____ failed.
   = If it _____ _____ for your help, I would _____ _____.
   너의 도움이 없었더라면 나는 실패했을 것이다.
7. If you _____ _____, I would have been happy.
   네가 왔더라면 내가 행복했을 텐데.
8. If I _____ _____ be born again, I would be a farmer.
   내가 다시 태어난다면 농부가 되겠다.
9. If the sun _____ _____ rise in the south. 만약 해가 남쪽에서 뜬다면.
10. If I _____ a bird, I _____ fly to you. 내가 새라면 너에게 날아갈 텐데.
11. I wish that I _____ _____ more diligent in my youth.
    내가 젊었을 때 좀 더 근면했으면 좋았을 텐데.
12. He talks _____ if he _____ _____ the accident.
    그는 자기가 그 사고를 본 것처럼 말한다. (실제로는 보지 않았으면서)
13. _____ water, nothing could live.
    = If It _____ not _____ water, nothing could live.
    물이 없다면 아무것도 살 수 없다.
14. _____ your help, I would _____ failed.
    = If it _____ not _____ for your help, I would _____ failed.
    너의 도움이 없었더라면 나는 실패했을 것이다.
15. If the sun _____ _____ rise in the west, I would like you.
    해가 서쪽에서 뜨면 내가 너를 좋아할 텐데. (불가능한 가정)
16. If I _____ _____ rich, you would be next to me now.
    = As I _____ not rich, you are not next to me now.
    내가 과거에 부자였다면 너는 지금 내 옆에 있을 텐데.

제28장 모범 답안

확인 문제 1

1. had, would/could 2. were 3. were, would 4. knew
5. were 6. Did 7. knew 8. were 9. were, could

확인 문제 2

1. I wish I had a computer. = I am sorry that I don't have a computer.
2. I wish that I had been more diligent in my youth.
3. He talks as if he had seen the accident.
4. He looked as if he had seen a ghost.
5. Without water, nothing could live.
   = If It were not for water, nothing could live.
   = But for water, nothing could live.
6. Without your help, I would have failed.
   = If it were not for your help, I would have failed.
7. If you had come, I would have been happy.
8. If I were to be born again, I would be a farmer.
9. If the sun were to rise in the south.
10. If I were a bird, I would fly to you.
11. I wish that I had been more diligent in my youth.
12. He talks as if he had seen the accident.
13. Without water, nothing could live.
    = If It were not for water, nothing could live.
14. Without your help, I would have failed.
    = If it had not been for your help, I would have failed.
15. If the sun were to rise in the west, I would like you.
16. If I had been rich, you would be next to me now.
    = As I was not rich, you are not next to me now.

제29장 관계 대명사 Ⅱ

unit 1 소유격 관계 대명사

핵심 250. I know a girl whose father likes you.
나는 (그 소녀의) 아빠가 너를 좋아하는 그 소녀를 알고 있다.

※ 사람, 소유격일 때: whose
(a girl를 뒤 문장에 넣어 해석하면 '소녀의 아빠가 너를 좋아한다'가 되어 a girl이 소유격으로 해석된다.)

핵심 251. I have a dog (of which, whose) tail is red. 나는 꼬리가 빨간 개를 가지고 있다.

※ 사물, 소유격일 때: of which 또는 whose
(a dog을 뒤 문장에 넣어 해석하면 소유격으로 해석된다.)

unit 2 관계 부사

핵심 252. Damyang is the town (which, that) I was born in.

※ 사물, 목적격일 때: which 또는 that (선행사 town을 뒤 문장에 넣을 때 전치사에 붙게 되면 모두 목적격 관계 대명사)
※ 선행사가 사물이고 목적격 관계 대명사이므로 생략도 가능하다.

= Damyang is the town in which I was born.

※ in that (X) that를 쓸 때는 전치사가 앞으로 나오지 못한다.

= Damyang is the town where I was born.
　　　　　　　　　　　　　　관계 부사

핵심 253. He has two sons, who are soldiers. 아들이 둘이다. 그런데 그들이 군인이다.
(관계 대명사의 계속적 용법)
He has two sons who are soldiers. 군인인 아들이 둘 있다.
(다른 아들이 더 있을 수 있다. 관계 대명사의 한정적 용법)

※ 계속적 용법: 선행사에 대해 계속 부가적인 설명을 한다. (선행사가 사물일 때는 which)

unit 3 관계 대명사 that 와 특수 관계 대명사 what

핵심 254. Look at her and her dog that are running over there.
저기 달려가고 있는 그녀와 그녀의 개를 보세요.

※ 선행사가 사람과 사물이 함께 있는 경우는 that만 가능

핵심 255. This is the only man that I can trust. 이 사람은 내가 신뢰할 수 있는 유일한 사람이다.

※ 선행사가 최상급, 서수, all, every, no, any, the very, the only, the same, the last 등의 수식을 받을 때 관계 대명사는 that만 가능

핵심 256. Tell me something that you know about her character.
그의 특성에 대해 당신이 아는 어떤 점을 말해 보라.

※ 선행사가 something, anything, everything 등일 때 관대는 that만 가능

핵심 257. Who that knows her can't love her?
그녀를 아는 누가 그녀를 사랑하지 않을 수 있겠는가?

※ 선행사가 의문사일 경우에 관대는 that만 가능

확인 문제 1

다음 밑줄 위에 알맞은 관계 대명사를 넣으세요.

1. I have a friend _____ are from Japan.
2. I have a friend _____ mother is a doctor.
3. I have an friend _____ store is very big.
4. I bought the book _____ was written by him.
5. I saw your sister _____ is wearing red pants.
6. I have a cat _____ nose is cute.
7. This is the man _____ I talked about yesterday.
8. This is the only man _____ I can trust.
9. Tell me something _____ you know about him.
10. Who _____ knows you can't believe you?
11. You must tell me everything _____ you know about the accident.
12. This is the town in _____ he was born.
13. This park is the place _____ I met her first.
14. This is the village _____ I have lived in since 2001.
15. These are all the fruits _____ I have.
16. This is the house _____ he was born.
17. This is the boy _____ name is Jack.
18. Look at the dog _____ tail is black.
19. This is the book for _____ he is looking.
20. That is the pen _____ I wrote the letter with.

확인 문제 2

다음 문장들에서 틀린 곳을 찾아 고치세요.

1. Look at the girl who stand on the hill.
2. This is the book which cover is red.
3. I have nothing which I can give you.
4. Damyang is the town where I was born in.
5. Seoul is the city in that he was born.
6. This is the cat of whom eyes are blue.
7. I have a friend with who I can play.

핵심 258. I don't know what he said. 그가 무엇을 말했는지 말한 내용을 모른다.

※ what 이 said의 목적어임

= I don't know the thing that he said.

I don't know that he said. 나는 그가 말을 했다는 사실 자체를 모른다.

※ that은 know의 목적어 절을 이끄는 접속사이다. (that은 생략 가능하다)

I don't know what's happening. 나는 무슨 일이 일어나고 있는지 모른다.

※ what은 뒤 문장의 주어나 목적어가 된다.

핵심 259. She told the truth, which pleased me. 그녀는 진실을 말했고, 그것이 나를 기쁘게 했다.

※ 앞 문장 전체를 받을 수 있는 유일한 관계 대명사: which

핵심 260. I will buy you whatever you want. 나는 네가 무엇을 원하든지 다 사주겠다.
= I will buy you no matter what you want.

핵심 261. No matter where you may go, I will follow you.
= Wherever you may go, I will follow you.

핵심 262. He went to Paris, where he stayed for two weeks.

※ where = and there (관계 부사의 계속적 용법)

확인 문제 3

밑줄을 채워라.

1. I don't know _____ he said. 나는 그가 말한 것(내용)을 모른다.
2. She told the truth, _____ pleased her.
   그녀가 진실을 말했다. 그 사실 자체가 그녀를 기쁘게 했다.
3. I will buy you _____ you want.
   = I will buy you _____ matter _____ you want.
   나는 네가 무엇을 원하든지 다 사주겠다.
4. _____ matter _____ you may go, I will follow you.
   = _____ you may go, I will follow you.
   네가 어디를 가든지 나는 너를 따라가겠다.
5. He went to Paris, _____ he stayed for two weeks.
   그는 파리로 가서 거기서 2주 동안 머물렀다.
6. You are very frank, _____ make me believe you.
   너는 솔직하다. 그것이 나로 하여금 너를 믿게 만든다.
7. I want to know _____ you are planning to do.
   나는 네가 하려고 계획하는 것을 알고 싶다.
8. I want to know the _____ _____ you are planning to do.
   나는 네가 하려고 계획하는 것을 알고 싶다.

29장 모범 답안

확인 문제 1

1. who 또는 that(사람, 주격) 2. whose(사람, 소유격) 3. whose(사람, 소유격)
4. which 또는 that(사물, 주격) 5. who 또는 that(사람, 주격) 6. whose
7. who 또는 whom 또는 that 생략 가능(사람, 목적격) 8. that 9. that 10. that
11. that 12. which 13. where 14. which 또는 that 15. that
16. where 17. whose 18. whose 19. which
20. which 또는 that, 생략 가능

확인 문제 2

1. Look at the girl who stands on the hill.
2. This is the book (of which 또는 whose) cover is red.
3. I have nothing that I can give you.
4. Damyang is the town where I was born. (in 삭제) 또는 where 대신 which 나 that
5. Seoul is the city in which he was born. 또는 in that 대신 where
6. This is the cat (of which 또는 whose) eyes are blue.
7. I have a friend with whom I can play.

확인 문제 3

1. what 2. which 3. whatever, no, what 4. no, where, wherever
5. where 6. which 7. what 8. thing, that

제30장 분사 구문

unit 1 과거 분사, 현재 분사의 기본 개념

핵심 263. 현재 분사는 능동으로, 과거 분사는 수동으로 꾸며준다.
Who is the man <u>talked</u> to Mary? (X) 메리에게 말하고 있는 남자가 누구냐?
> 말하는 남자이므로 talked → talking으로 바꾸어야 한다.
> ※ 능동은 현재 분사로, 수동은 과거 분사로 꾸며준다.

핵심 264. They found the <u>stealing</u> wallet at last. (X) 그들은 드디어 잃어버린 지갑을 찾았다.
> stealing → stolen으로 바꾸어야 한다.
> ※ 도둑맞은 지갑으로 수동이므로 과거 분사로 꾸며줘야 한다.

핵심 265. He is a boring man. 그는 (남을) 지루하게 만드는 사람이다.
He is bored. 그는 지루해하고 있다.

핵심 266. He sat <u>surrounding</u> by many children. (X)
> surrounding → surrounded로 바꾸어야 한다

그는 많은 어린이들에 의해 둘러싸인 채 앉아있다.
> ※ 둘러싸인 채 즉 수동이므로 과거 분사로 써야 한다.

핵심 267. We had our house <u>paint</u>. (X)
> house의 입장에서는 칠이 되는 것이므로 paint → painted로 바꾸어야 한다.
> ※ have(get) + 사물 + 과거 분사: 무엇이 어떻게 되게 하다. (★ 연상: 햇사과, 겟사과)

핵심 268. She heard the baby to cry. (X)
> ※ 지각 동사일 경우 cry라고 원형을 쓰든지 crying이라고 분사를 써서 the baby를 꾸며주든지 해야 한다.

확인 문제 1

다음 문장들에서 틀린 곳을 찾아 고치세요. (고칠 필요 없는 문장도 있다.)

1. I felt my back touching by someone.
2. I saw a boy stealing candies.
3. I tried to find candies stealing.
4. I found my pen stolen.
5. She is boring. so I am boring when I am with her.
6. I heard my dog bark loudly.
7. I heard my dog barking loudly.
8. I heard my dog to bark loudly.
9. I had my TV fix.
10. I had the radio repair.

확인 문제 2

(   )를 적절하게 변화시키거나 적절한 것을 모두 선택하세요.

1. Who is the man (talk의 변화형) to Mary?
   메리에게 말하고 있는 남자가 누구냐?
2. They found the (steal의 변화형) wallet at last.
   그들은 드디어 잃어버린 지갑을 찾았다.
3. He was sitting (surround의 변화형) by many children.
   그는 많은 어린이들에 의해 둘러싸인 채 앉아있다.
4. We had our house (paint의 변화형). 우리는 집에 페인트칠을 했다.
5. She heard the baby (cry, crying, cried, to cry).
   그녀는 애기가 우는 것을 들었다.
6. I got my TV (fixed의 변화형). 나는 나의 TV를 수리했다.
7. He is (boring, bored) with the (boring, bored) story.
   그는 지루한 이야기에 지루해하고 있다
8. I saw her (weep, weeping, to weep). 나는 그녀가 우는 것을 들었다.

unit 2 분사 구문

핵심 269. 분사 구문의 기본 개념: 문장을 간단히 줄여서 표현하는 방법임, 접속사와 주어를 지우고 동사 원형에 ~ing 형을 붙이는 것임.

핵심 270. As I felt tired, I went to bed early. 피곤함을 느껴서 일찍 잠자러 갔다.
= <u>Feeling</u> tired, I went to bed early.

※ 접속사(As) 지우고, 주어(I)는 뒤 주절의 주어와 일치하므로 지우고, 동사 원형 + ing

핵심 271. If they are taken daily, vitamin pills can improve your health.
매일 복용된다면 비타민 정제는 너의 건강을 증진시킬 수 있다.
= <u>Being taken</u> daily, vitamin pills can improve your health.

※ 접속사 if 지우고, they 지우고, Being taken임.

= <u>Taken</u> daily, vitamin pills can improve your health.

※ 분사 구문에서 문두에 오는 Being은 생략이 가능함.

핵심 272. As I didn't know what to say, I remained silent.
뭐라고 말을 해야 할지 몰라서 나는 침묵을 유지했다.
= <u>Not knowing</u> what to say, I remained silent.

※ 분사 구문의 부정은 Not 분사 구문.

핵심 273. As I had lost all my money, I went home on foot.
돈은 모두 잃어버려서 나는 걸어서 집으로 갔다.
= <u>Having lost</u> all my money, I went home on foot.

※ 한 시제 앞서가는 분사 구문: Having + p.p
(돈을 잃어버린 것은 걸어서 집에 간 것보다 더 이전에 발생한 일임.)

핵심 274. Because the lights had gone out, we couldn't see anything.
= <u>The lights having gone out</u>, we couldn't see anything.

※ 종속절의 주어와 주절의 주어가 일치하지 않음으로 The lights를 생략하지 못함.
한 시제 앞서가는 분사 구문: Having + p.p

핵심 275. As I had not eaten breakfast, I walked slowly.
= Not having eaten breakfast, I walked slowly.

※ 분사 구문의 부정은 Not 분사 구문이고 한 시제 앞서가는 분사 구문이므로
Not having + p.p

핵심 276. As it rains, I can't go out.
= It raining, I can't go out.

※ 앞에 있는 종속절의 주어 it가 뒤에 있는 주절의 주어 I와 일치하지 않음으로 생략할 수 없다.

핵심 277. I saw the dog (to chase, chase, chasing) after hare.
나는 토끼를 뒤쫓고 있는 개를 보았다.

※ 지각 동사이므로 동사 원형인 chase와 chasing은 가능하나 to chase는 안 됨.

unit 3 독립 분사 구문과 부대 상황

핵심 278. 독립 분사 구문은 숙어처럼 외운다.

※ Considering~: ~을 고려해 볼 때
Frankly speaking: 솔직히 말해
Judging from: ~로 판단해 보건대

확인 문제 3

다음 문장들에서 틀린 곳이 있으면 찾아 고치세요. (틀린 곳 없는 문장도 있다.)

1. The weather being fine, we are sure to enjoy fishing.
2. Having written in haste, the book has many mistakes.
3. Seeing the man a few days ago, I can remember him.
4. Being finished my homework, I can go out for shopping.
5. Snowing, I have to stay at home.
6. Wounded in my left leg, I can't play soccer.
7. The news that he stole the money is shocked.
8. I will have my MP3 repair.
9. I know a girl dance on the stage.
10. Considered his age, we'd better not employ him.
11. Having not slept well last night, I feel tired now.
12. My son leaving before I arrived, I couldn't meet him.

핵심 279. 부대 상황 표현

① He was sitting with his arms folded. 그는 팔짱을 끼고 앉아 있었다.

※ with + 무엇 +(과거분사 또는 현재 분사 또는 형용사): 무엇을 어떻게 한 채로
arms를 주체로 생각한다면 수동이므로 folded이다.

② I can draw my hometown with my eyes closed.
눈을 감고도 내 고향을 그릴 수 있다.

③ With the night falling, the children went back to school.
밤이 오자 아이들은 학교로 돌아갔다

※ the night를 주체로 생각해 본다면 능동이므로 falling 이 맞다.

④ Don't stare at me with your mouth open. 너의 입을 벌리고 나를 쳐다보지 마라.

확인 문제 4

( ) 안에서 적절한 것을 고르세요.

1. He is sitting with his legs (cross, crossing, crossed).
2. She was screaming with her eyes (closed, close, closing)
3. People were dancing (with, to, for) their hands in the air.
4. They were running with their dogs (barking, barked, bark).

제30장 모범 답안

확인 문제 1

1. I felt my back touched by someone.
2. 틀린 곳 없음
3. I tried to find candies stolen.
4. 틀린 곳 없음
5. She is boring. so I am bored when I am with her.
6. 틀린 곳 없음
7. 틀린 곳 없음
8. I heard my dog bark loudly. (to 삭제)
9. I had my TV fixed.
10. I had the radio repaired.

확인 문제 2

1. talking 2. stolen 3. surrounded 4. painted 5. cry, crying
6. fixed 7. bored, boring 8. weep, weeping

확인 문제 3

1. 틀린 곳 없음
2. Having been written in haste, the book has many mistakes.
3. Having seen the man a few days ago, I can remember him.
4. Having finished my homework, I can go out for shopping.
5. It snowing, I have to stay at home.
6. 틀린 곳 없음
7. The news that he stole the money is shocking.
8. I will have my MP3 repaired.
9. I know a girl dancing on the stage.
10. Considering his age, we'd better not employ him.
11. Not having slept well last night, I feel tired now.
12. My son having left before I arrived, I couldn't meet him.

확인 문제 4

1. crossed   2. closed   3. with   *with their hands in the air 양손을 들고
4. barking

제31장 동명사 Ⅱ

unit 1 동명사 구문과 시제

핵심 280. I am sorry that I am late for the class.
= I am sorry for being late for the class.
수업에 늦어서 미안하다.

※ I am sorry that 절: that 이하를 미안하게(유감스럽게) 생각한다.
　I am sorry for + 구: 무엇이 유감이다.

핵심 281. I am ashamed that he is idle. 나는 그가 게으르다는 사실이 부끄럽다.
= I am ashamed of his (him) being idle.

※ be ashamed that 절: that 이하가 부끄럽다.
　be ashamed of + 구: 무엇이 부끄럽다.
　동명사의 의미상 주어: 소유격(목적격도 가능)

핵심 282. I am sure that she made a mistake.
= I am sure of her having made a mistake.
나는 그녀가 실수를 했다고 확신한다.

※ be sure that 절: that 이하를 확신하다.
　be sure of + 구: ~를 확신하다.
　한 시제 앞서는 동명사: having + p.p

핵심 283. I am sure that she didn't make a mistake.
= I am sure of her not having made a mistake.
나는 그녀가 실수를 하지 않았다고 확신한다.

※ 동명사의 부정은 not 동명사.

핵심 284. I am proud that you are diligent.
= I am proud of your being diligent.
나는 네가 근면한 것이 자랑스럽다.

※ be proud that 절: that 이하를 자랑스럽게 여기다.
　be proud of + 구: ~를 자랑스럽게 여기다.

확인 문제 1 핵심 (377-381)

다음 문장들에서 어색한 곳을 찾아 고치세요.

1. Do you mind my open the door.
2. We are sure that his being innocent.
3. I am proud for being strong.
4. I am sorry for I was absent from the meeting.
5. I am sorry for being absent from the meeting yesterday.
6. He is not ashamed for having been ignored by her.
7. I am not ashamed that having been ignored by her.
8. There is no reason for her be angry with me.
9. Are you sure his coming?
10. I am sorry for losing your umbrella.

핵심 285. I am busy writing the report. 나는 보고서를 쓰느라고 바쁘다.

※ be busy ~ing: ~하느라 바쁘다.

핵심 286. He spent much money travelling around the world.
그는 세상을 여행하느라 많은 돈을 썼다.

※ spend 시간 또는 돈 ~ing: ~하느라 시간이나 돈을 사용하다.

핵심 287. I could not help kicking her. 나는 그녀를 차지 않을 수 없었다.

※ can not help ~ing: ~하지 않을 수 없다.

핵심 288. He is used to telling a lie. 그는 거짓말을 하는 데 익숙하다.

※ be used to ~ing: ~하는 데 익숙하다.

제31장 모범 답안

확인 문제 1 — 핵심 (377–381)

1. Do you mind my *opening* the door.
2. We are sure *of* his being innocent.
3. I am proud *of* being strong.
4. I am sorry *that* I was absent from the meeting.
5. I am sorry for *having been* absent from the meeting yesterday.
6. He is not ashamed *of* having been ignored by her.
7. I am not ashamed *of* having been ignored by her.
8. There is no reason for her *being* angry with me.
9. Are you sure *of* his coming?
10. I am sorry for *having lost* your umbrella.

제32장 수동태 II

unit 1 여러 가지 수동태

핵심 289. 조동사가 있는 문장의 수동태
You must look for the key.
= The key must be looked for by you.
너는 키를 찾아야 한다.

※ 조동사가 있는 문장의 수동태: 조동사 + be 동사 + p.p

핵심 290. 현재 완료 시제가 있는 문장이 수동태로 바뀔 때
She has sent me some money.
= Some money has been sent (to) by her.
그녀는 나에게 약간의 돈을 보냈다.

※ 현재 완료 수동태: have been + p.p

확인 문제 1

다음 문장들 수동태로 고쳐 밑줄을 채우세요.

1. I can fix it. = It _____ _____ fixed by me.
2. You must break the bottle.
  = The bottle _____ _____ _____ by you.
3. I will eat your bread. = Your bread _____ _____ _____ _____ me.
4. She has looked for the cat.
  = The cat _____ _____ _____ for by her.
5. You have studied Chinese. = Chinese _____ _____ _____ by you.
6. I have taken care of the garden.
  = The garden _____ _____ _____ by me.

핵심 291. She gave me lots of books.
= Lots of books were given (to) me by her. (O)
= I was given lots of books by her. (O)
그녀는 나에게 많은 책을 주었다.

※ 이렇게 간접 목적어나 직접 목적어 모두 수동태의 주어가 될 수 있는 동사들은 give, tell, teach, send 등이 있다.

핵심 292. 사역 동사, 지각 동사의 수동태
① He made me wash his car.
= I was made to wash his car.
그는 나에게 자신의 차를 닦도록 시켰다.

※ 사역 동사가 있는 문장을 수동태로 바꿀 때: to가 다시 살아남.
(수동태 문장의 주어는 made가 아니라 be 동사 was라는 점을 기억한다.)

② I saw him hit your brother.
= He was seen to hit your brother.
나는 그가 너의 형제를 치는 것을 보았다.

※ 지각 동사가 있는 문장을 수동태로 바꿀 때: to가 다시 살아남.
(역시 수동태 문장의 주어는 made가 아니라 be 동사 was라는 점을 기억한다.)

핵심 293. 명령문 수동태
Send the letter.
= Let the letter be sent.

핵심 294. 부정 명령문 수동태
Don't send the letter.
= Let the letter not be sent.
= Don't let the letter be sent.

📝 확인 문제 2

다음 밑줄을 채우세요.

1. He gave me a book.
   = A book ____ ____ to me ____ him.
   = ____ ____ ____ a book by him.
2. She made me a toy.
   = A toy ____ ____ ____ ____ by her.
3. He made me clean the room.
   = I ____ ____ ____ the room by him.
4. I saw her dance. = She ____ ____ ____ ____ by me.
5. Send the letter. = ____ the letter ____ ____.
6. Break the bottle. = ____ the bottle ____ ____.
7. Don't send the letter.
   = Don't let the letter ____ ____.
   = ____ the letter ____ ____ sent.

unit 2 수동태와 문장 전환

핵심 295. They say that he is rich.
= It is said that he is rich.

※ 원 문장에서 that 이하의 목적어 절이 주어로 나오는데 가주어로 나온 경우

= He is said to be rich.

※ 의미상 he를 주어로 하고 부정사를 사용하는 것이 가능하다.

핵심 296. They say that he was rich.
= It is said that he was rich.
= He is said to have been rich.

※ 한 시제 앞선 부정사: to have + p.p

핵심 297. 의문문 수동태
Did he buy the book?
= Was the book bought by him?

※ "The book was bought by him."이 의문문으로 바뀌었다고 생각하라.

핵심 298. One can be known by his companies. 친구를 보면 그 사람에 대해 알 수 있다.

※ be known by~: ~에 의해 알려지다.
　be surprised at ~: ~에 놀라다.
　be covered with~: ~로 덮이다.
　be known for~: ~으로 유명하다.
　be known to~: ~에게 알려지다.
　be married to~: ~와 결혼하다.
　be tired of~: ~에 싫증나다.

확인 문제 3

밑줄을 채우세요.

1. They say that he is rich.
   = _____ is said that he is rich.
   = He _____ _____ _____ be rich.
2. They say that he was rich.
   = _____ is said that he was rich.
   = He is said _____ _____ _____ rich.
3. He says that you stole my money.
   = _____ is said that you stole my money by him.
   = You _____ _____ _____ ____ ____ my money by him.
4. Did he made the doll? = _____ the doll _____ by him?
5. Did you break the window? = _____ the window _____ by you?
6. One can be known _____ his companies.
   친구를 보면 그 사람에 대해 알 수 있다.
   be surprised _____ ~: ~에 놀라다.
   be covered _____ ~: ~로 덮이다.
   be known _____ ~: ~으로 유명하다.
   be known _____ ~: ~에게 알려지다.
   be married _____ ~: ~와 결혼하다.
   be tired _____ ~: ~에 싫증나다.

제32장 모범 답안

확인 문제 1

1. can, be   2. must, be, broken   3. will, be, eaten, by
4. has, been, looked   5. has, been, studied
6. has, been, taken, care, of

확인 문제 2

1. was, given, by, I, was, given   2. was, made, for, me
3. was, made, to   4. was, seen, to, dance   5. Let, be, sent
6. Let, be, broken   7. be, sent, Let, not, be

확인 문제 3

1. It, is, said, to   2. It, to, have, been   3. It, are, said, to, have, stolen
4. was, made   5. was, broken   6. by, at, with, for, to, to, of

3부
통문장 복습편

통문장으로 복습하는 과정

제11장 조동사

370. I will (   ) you (   ) the hospital. 나는 너를 병원에 데리고 가겠다.
371. I can bring two (   ) (   ) hot water. 나는 뜨거운 물 두 양동이를 가져올 수 있다.
372. You (m   ) study hard (   ) pass the exam. 너는 시험에 합격하기 위해 열심히 공부해야 한다.
373. He (   ) be false. 그가 틀렸음에 틀림없다.
374. I (s   ) be there tomorrow. 나는 내일 거기에 있게 될 것이다.
375. You (s   ) be kind to old people. 너는 노인들에게 친절해야 한다.
376. She (   ) go out at night. 그녀는 밤에 외출해도 된다.
377. He (   ) be sick in bed. 그는 아파서 누워있을지 모른다.
378. You (o   ) to help your mom after dinner. 너는 식사 후에 엄마를 도와야 한다.
379. She (   ) solve the problem. 그녀는 그 문제를 풀 수 있다.
380. I will begin (   ) work at 6. 나는 여섯 시에 일을 시작하겠다.
381. You (m   )go to bed early. 일찍 자야 한다.
382. She (o   ) to begin before noon. 그녀는 정오 이전에 시작해야 한다.
383. The rumor (   ) be true. 그 소문은 사실일지도 모른다.
384. I (s   )be in the mountains next month. 나는 다음 달에는 산속에 있게 될 것이다.
385. He must (   ) sick. 그가 아픈 것임에 틀림없다.
386. She (s   ) wait for two hours. 그녀는 두 시간 동안 기다려야 한다.
387. You must (   ) climb the wall. 너는 벽에 올라가서는 안 된다.
388. We cannot live (w   ) air. 우리는 공기 없이 살 수 없다.
389. You (m   ) come back (   ) five. 너는 5시까지는 돌아와야 한다.
390. You (m   ) stay in the library (u   ) 5. 너는 5시까지는 도서관에 머물러야 한다.
391. A: I am happy (   ) the news. B: So (   ) I.
     A: 나는 그 소식에 기쁘다. B: 나도 그래.
392. A: I usually read magazines on the bus or subway. B: So (   ) I.
     A: 나는 주로 버스나 지하철에서 잡지를 읽는다. B: 나도 그래.
393. A: I like her. B: So (   ) he.
     A: 나는 그녀를 좋아해. B: 그도 그녀를 좋아한다.
394. He (m   ) take medicine to cure his cold. 그는 감기를 치료하기 위해 약을 복용해야 한다.

395. You (s   ) not make a noise in the museum. 너는 박물관에서 소란을 피워서는 안 된다.
396. She (   ) read a map. 그녀는 지도를 읽을 수 없다.
397. You (   ) to clean your room. 너는 너의 방을 청소해야 한다.
398. I (   ) sleep well last night because (   ) mice. 나는 쥐들 때문에 어젯밤 잠을 잘 잘 수 없었다.
399. You must (   ) meet such an unkind man. 너는 그런 불친절한 사람을 만나서는 안 된다.
400. You (s   ) meet her. 너는 그녀를 만나지 말아야 한다.
401. She (c   ) use my cellphone. 그녀는 나의 휴대폰을 사용할 수 있다.
402. You (s   ) speak to your parents (   ). 너는 부모님께 친절하게 말해야 한다.
403. I will (   ) do anything for him. 나는 그를 위해서 아무것도 하지 않겠다.
404. You (s   ) stay in the museum until 11. 너는 11시까지 박물관에 머물러야 한다.
405. He (m   ) come back (   ) midnight. 너는 자정까지 돌아와야 한다.
406. I (   ) catch the first train yesterday. 나는 어제 첫 열차를 잡을 수 없었다.
407. A: I like math. B: So (   ) I. A: 나는 수학을 좋아한다. B: 나도 그래.
408. A: I am sad at the news. B: So (   ) I.
　　A: 나는 그 소식 때문에 슬프다. B: 나도 그래
409. A: I hate him. B: So (   ) she. A: 나는 그를 싫어한다. B: 그 여자도 그래.
410. You can stay here (   ) six. 너는 6시까지 여기에서 머물 수 있다.
411. (   ) you stay here until six? 너는 6시까지 여기에 머물 수 있니?
412. (Wi   ) you get me a cup of water? 물 한 잔 갖다주시겠어요?
413. =(Wo   ) you get me a cup of water?
414. A: (M   ) I know your phone number? B: Yes, you may.
　　A: 너의 전화번호를 알 수 있니? B: 예, 알려 드리겠습니다.
415. You (   ) not come back. 너는 돌아올 필요가 없다.
416. You don't (   ) (   ) come back. 너는 돌아올 필요가 없다.
417. You (   ) to study (   ) 10 p. m. 너는 오후 10시까지 공부해야 한다.
418. You don't (   ) to hurry up. 너는 서두를 필요가 없다.
419. (   ) he have to solve such a difficult problem? 그가 그렇게 어려운 문제를 풀어야만 하니?
420. He is (g   ) to move to a new apartment. 그는 새로운 아파트로 이사를 가려고 한다.
421. You are (   ) to cross the river. 너는 강을 건널 수 있다.
422. (   ) you (   ) to walk without a stick? 지팡이 없이 걸을 수 있니?
423. She (   ) to move a small apartment. 그는 작은 아파트로 이사해야 한다.
424. You (   ) to be frank. 너는 솔직해야 한다.
425. They are (   ) to send a gift to you. 그들은 너에게 선물을 보내려고 한다.
426. I am (   ) to direct you as a teacher. 나는 선생님으로서 너에게 지시하려고 한다.
427. (   ) you have to leave now? 너 지금 떠나야만 하니?

428. (　) you going (　) have lunch with him? 너 그와 함께 점심 먹으려고 하니?
429. (　) he have to enter the college? 그는 대학에 들어가야만 하니?
430. He is not (　) to win the game. 그는 게임에서 이길 수 없다.
431. He doesn't (　) to hurry up to catch the first train. 첫 열차를 타기 위해 그는 서두를 필요가 없다.
432. You (　) not invite them. 너는 그들을 초대할 필요가 없다.
433. I (u　) have breakfast at 7:30. 나는 보통 7:30에 아침을 먹는다.
434. You can (s　) go out with my puppy. 너는 강아지를 데리고 종종 외출할 수 있다.

제12장 의문사

435. A: (　) is this lady? B: She is my sister.
　　A: 이 아가씨는 누구냐? B: 그녀는 나의 여동생이다.
436. A: (　) this? B: I (　) a pill.
　　A: 이것은 무엇입니까? B: 그것은 알약이다.
437. A: (　) color do you like best? B: I like blue best.
　　A: 너는 어떤 색을 가장 좋아하니? B: 나는 파란 색을 제일 좋아한다.
438. A: (　) are you? B: I am an engineer.
　　A: 당신의 직업은 무엇입니까? B: 나는 엔지니어다.
439. A: (　) day is today? B: Today is Sunday. or It's Sunday
　　A: 오늘은 무슨 요일이니? B: 오늘은 일요일이다.
440. A: (　) time is it now? B: (　) seven o'clock.
　　A: 지금 몇 시입니까? B: 7시입니다.
441. A: (　) sheep did you sell? B: I sold my sheep.
　　A: 누구의 양을 팔았니? B: 너의 양을 팔았다.
442. A: (　) does your mother (　)? B: She is a science teacher.
　　A: 너의 어머니의 직업은 뭐니? B: 과학 선생님이시다.
443. A: (　) (　) did you write? B: I wrote a letter to my dad.
　　A: 너는 누구에게 편지를 썼니? B: 나는 아빠에게 편지를 썼다.
444. A: (　) (　) did you dance? B: I danced with my wife.
　　A: 당신은 누구와 춤을 추었습니까? B: 나의 아내와 춤을 추었다.
445. A: (　) (　) you going to do tomorrow.
　　B: I am going to go fishing tomorrow.
　　A: 내일 너는 무엇을 하려고 하니? B: 낚시를 가려고 한다.
446. A: (　) do you think of the movie? B: I think it is interesting.

A: 그 영화에 대해 어떻게 생각하니? B: 흥미롭다고 생각한다.
447. A: What (　　) of car (　　) you interested in?
　　　B: I am interested in sports car.
　　　A: 너는 어떤 종류의 차에 관심이 있니? B: 나는 스포츠 차에 관심이 있다.
448. A: What is the weather (　　) there? B: It's very cold here.
　　　A: 거기 날씨가 어떠냐? 즉 무엇과 같으냐? B: 매우 춥다.
449. What's (　　)? 무슨 일이니?
450. What's wrong (　　) you? 무슨 안 좋은 일이라도 있니?
451. (　　) special. 아니 특별한 것은 없어.
452. A: (　　) are you? B: I am Jane. A: 너는 누구니? B: 나는 제인이다.
453. A: (　　) is this beautiful woman? B: She is my girlfriend.
　　　A: 이 예쁜 여자가 누구니? B: 그 애는 나의 여자 친구야.
454. A: (　　) this? B: (　　) is an egg.
　　　A: 이것이 뭐니? B: 그것은 계란이야.
455. A: (　　) sport do you like best? B: I like soccer best.
　　　A: 어떤 운동을 제일 좋아하니? B: 나는 축구를 제일 좋아한다.
456. A: (　　) apples are red? B: His apples are red.
　　　A: 누구의 사과가 빨갛니? B: 그의 사과들이 빨갛다.
457. A: (　　) day is today? B: It's Sunday.
　　　A: 오늘 무슨 요일이니? B: 일요일이야.
458. A: (　　) sheep did you eat? B: I ate your sheep.
　　　A: 너는 누구의 양을 먹었니? B: 나는 너의 양을 먹었다.
459. A: (　　) time is it now? B: It's ten o'clock.
　　　A: 지금 몇 시니? B: 10시다.
460. A: (　　) does your mother do? B: She is a cook.
　　　A: 너의 엄마는 무엇을 하시니? B: 그녀는 요리사이다.
461. A: (　　) did you invite? B: I invited my friends.
　　　A: 너는 누구를 초대했니? B: 나는 나의 친구들을 초대했어.
462. A: (　　) do you think of this pizza? B: I think (　　) is very delicious.
　　　A: 이 피자에 대해 어떻게 생각하니? B: 나는 맛있다고 생각해.
463. I am (　　). 나는 다른 사람을 흥미롭게 하는 사람이다.
464. I am (　　). 내가 흥미를 갖는다.
465. The game is (e　　). 게임은 흥미진진하다.
466. I was (e　　) to watch the game. 나는 그 게임을 보고 흥분했다.
467. I was (b　　) last Sunday. 나는 지난 일요일 지루했다.
468. The movie was (　　). 그 영화는 지루했다.
469. She is (　　), so I am (　　) with her. 그 여자는 다른 사람을 지루하게 하는 여자다. 그래서 나

213

는 여자와 함께 있으면 지루하다.

470. The game was (　　), so I was very (　　) in the game.
그 게임은 재미있었다. 그래서 나는 그 게임에 관심이 매우 많았다.

471. I was very (e　　), so she was very (e　　) with me.
나는 다른 사람을 매우 흥미롭게 하는 사람이었으므로 그래서 그 여자는 나와 함께 있을 때 즐거웠다.

472. A: (　　) is your birthday? B: (　　) March 10th.
A: 너의 생일이 언제니? B: 3월 10일이다.

473. A: When (　　) you wake up? B: I woke up at 7.
A: 너 언제 일어났니? B: 7시에 일어났다.

474. (　　) you get up, you should wake me up. 네가 일어날 때 나를 깨워줘라.

475. A: Where (　　) you from? B: I am from Seoul.
A: 너 어디 출신이니? B: 나 서울 출신이야.

476. A: (　　) do you live? B: I live in Damyang.
A: 너 어디 사니? B: 나는 담양에 산다.

477. A: Which do you like (　　), coffee or tea? B: I like coffee better.
A: 너는 커피와 차 중 어느 것을 더 좋아하니? B: 나는 커피가 더 좋아.

478. When (　　) you get up? 너 언제 일어났니?

479. Where is he (　　)? 그는 어디 출신이니?

480. (　　) was the party? 파티는 언제 있었니?

481. (　　) are you (　　) to go this afternoon? 오늘 오후에 어디에 갈거니?

482. Where (　　) he live? 그는 어디에 사니?

483. (　　) one do you like better, soccer or tennis? 축구와 테니스 중 어느 것을 더 좋아하니?

484. (　　) he left, she cried. 그가 떠났을 때 그녀는 울었다.

485. (　　) you talk to me, look me in the eye. 나에게 말을 할 때 내 눈을 보아라.

486. A: (H　　) (　　) you go to school. B: (　　) foot.
A: 너는 어떻게 학교에 가니? B: 걸어서.

487. A: How are you? B: I'm fine. How (　　) you?
A: 안녕하십니까? B: 좋아요. 당신은 어떠십니까?

488. A: (　　) old are you? B: I am 11 years old.
A: 몇 살이니? B: 11살이야.

489. A: (　　) long are your feet? B: They are (　　) 25 centimeters long.
A: 너의 발 사이즈 얼마니? B: 약 25센티이다.

490. A: (　　) often do you go to the movies. B: (O　　) a month.
A: 얼마나 자주 영화 보러 가니? B: 한 달에 한 번.

491. A: (　　) much is this clock? B: It's 20 dollars.
A: 이 벽시계 얼마예요? B: 20달러야.

492. How ( ) ( ) it cost to copy one page? 한 페이지 복사하는 데 얼마죠?
493. A: Why ( ) you get up so early ( ) dawn?
    B: Because I felt hungry.
    A: 새벽에 왜 이렇게 일찍 일어났니? B: 배고파서.
494. A: Why ( ) you late ( ) the concert.
    B: It's because ( ) rain. or ( ) it is raining.
    A: 콘서트에 왜 이렇게 늦었니? B: 비가 와서.
495. A: ( ) was Jinho absent ( ) the meeting today?
    B: Because he was sick in bed.
    A: 진호는 오늘 왜 미팅에 결석했니? B: 아파서 침대에 누워 있었기 때문에.
496. A: ( ) are you so busy now?
    B: Because ( ) a ( ) of homework.
    A: 너 지금 왜 이렇게 바쁘니? B: 많은 숙제 때문에
497. ( ) don't you take a break? 휴식을 취하지 그래요?
498. =(H) about taking a break?
499. =What ( ) taking a break?
500. Why ( ) we go to a movie? 우리 영화 보러 가는 것 어때?
501. ( ) we go to a movie? 우리 영화 보러 갈까?
502. How ( ) going to a movie? 영화 보러 가는 것 어때?
503. What ( ) going to a movie? 영화 보러 가는 것 어때?
504. ( ) go to a movie. 영화 보러 가자.
505. A: May I ( ) to Jane. B: ( ) is she (speaking).
    A: 제인 좀 바꿔 주시겠어요? B: 전데요.
506. (C) I take a message. 메시지를 남기시겠어요?
507. Would you ( ) to ( ) a message for her. 메시지를 남기시겠어요?
508. A: ( ) do you go to work? B: I walk ( ) work.
    A: 너 어떻게 출근하니? B: 걸어서 출근한다.
509. A: ( ) are you? B: I'm fine. Thank you.
    A: 어떻게 지내십니까? B:좋습니다. 감사합니다.
510. A: ( ) old are you? B: I am 11 ( ) old.
    A: 너 몇 살이니? B: 나는 11살이다.
511. A: ( ) long is this tree? B: It's ( ) five meters long.
    A: 이 나무는 얼마나 기니? B: 약 5미터 정도 된다.
512. A: ( ) often ( ) you play tennis? B: ( ) a month.
    A: 얼마나 자주 테니스를 치니? B: 한 달에 두 번.
513. A: ( ) were you late ( ) the game?
    B: It was because ( ) traffic jam.

A: 경기에 왜 늦었니? B: 교통 혼잡 때문이었어.

514. (   ) many books do you read (   ) month? 한 달에 얼마나 많은 책을 읽니?

515. (   ) time is the museum open? 박물관이 언제 오픈하니?

516. What is the weather (   ) there? 거기 날씨가 어떠니?

517. (   ) much is this cute watch? 이 귀여운 시계는 얼마니?

518. (   ) one is better, this one or that one?
이것과 저것 중 어느 것이 더 좋니?
(   ) cat do you like better, the white one or the black one.
흰 고양이와 검은 고양이 중 어느 것을 더 좋아하니?

519. (   ) (   ) are you going to go fishing? 누구와 함께 낚시를 가려고 하니?

520. A: (   ) are you crying? B: Because my cat died.
A: 왜 울고 있니? B: 나의 고양이가 죽었기 때문이야.

521. No matter (   ) you go, I will follow you. 네가 어디로 가든지 나는 너를 따르겠다.

522. No matter (   ) hard you try, you can not persuade me. 너는 아무리 노력해도 나를 설득할 수 없다.

523. (   ) matter (   ) you meet him by chance, you must not express your feelings. 그를 우연히 만나는 언제라도 너는 너의 느낌을 표현하지 말아야 한다.

524. No (   ) what she wears, she looks very charming. 그녀는 무엇을 입든지 매력적으로 보인다.

525. No (   ) what you tell me to do, I will disobey. 당신이 무엇을 말하든 나는 당신에게 복종하지 않겠다.

526. =(   ) you tell me to do, I will disobey.

527. No matter (   ) you are, don't forget me. 네가 어디에 있든지 나를 잊지 마라.

528. =(   ) you are, don't forget me.

529. (   ) he leaves, tell him to leave nothing behind. 그가 떠날 때 아무것도 남기지 말라고 말해주세요.

530. (   ) matter when he starts, he will be late for class. 그가 언제 출발하더라도 그는 수업에 늦을 것이다.

531. No (   ) how cruel they are, they will not hurt children. 그들이 아무리 잔인하더라도 그들은 어린이들은 해치지 않을 것이다.

532. =(H   ) cruel they are, they will not hurt children.

533. I came to learn (   ) (   ) swim. 나는 어떻게 수영하는지 배웠다.

534. I learned where (   ) swim. 나는 어디에서 수영해야 하는지 배웠다.

535. I learned (   ) to swim. 나는 언제 수영해야 하는지를 배웠다.

536. Don't forget what (   ) buy. 무엇을 사야 할지 잊지 마라.

537. I learned what (   ) do for my parents. 나는 부모님을 위해 무엇을 해야 하는지 배웠다.

538. =I learned (   ) I should do for my parents.

539. Don't forget (   ) to call me. 나에게 전화해야 할 때를 잊지 마라.
540. =Don't forget (   ) you should call me. 나에게 전화해야 할 때를 잊지 마라.
541. I came to know (   ) to buy the book. 그 책을 어디서 사야 하는지 배웠다.
542. My mom taught me (   ) to cook. 엄마가 나에게 요리하는 법을 가르쳐 주셨다.
543. I didn't decide (   ) (   ) do next. 나는 다음에 무엇을 해야 할지 결정하지 않았다.
544. I don't know (   ) I should do for the poor patients. 나는 그 불쌍한 환자들을 위해 무엇을 해야 할지 모르겠다.
545. I found (   ) to go to meet him. 나는 그를 만나기 위해 어디로 가야 하는지를 알아냈다.
546. I can't decide (   ) to start. 나는 언제 출발해야 할지 결정할 수 없다.

제13장 정관사 The

547. I gave a car to him. (   ) car was expensive. 나는 그에게 차를 한 대 주었다. 그 차는 비싸다.
548. Would you please open (   ) window? 창문 좀 열어 주시겠어요?
549. My aunt is playing (   ) piano. 나의 이모가 피아노를 연주하고 있다.
550. (   ) (   ) in the classroom is my brother. 교실 안의 소년은 나의 형제이다.
551. (   ) (   ) rises in the east. 해는 동쪽에서 뜬다.
552. Math is my (   ) subject. 수학은 나의 좋아하는 과목이다.
553. I played (   ) with my friends. 나는 친구들과 축구를 했다.
554. She was (   ) the piano then. 그녀는 그때 피아노를 연주하고 있었다.
555. I went to (   ) (   ) to meet friends. 나는 친구들을 만나러 학교에 갔다.
556. (   ) woman in the restaurant is my mother. 식당에 계신 여자 분이 나의 어머니시다.
557. We (h   ) (   ) at 1: 00 pm. 우리는 오후 한 시에 점심을 먹었다.
558. Let's go to see (   ) (   ). 바다 보러 가자.
559. She goes shopping in (   ) afternoon. 그 여자는 오후에 장 보러 간다.
560. We go to see (   ) movie (   ) bus. 우리는 버스 타고 영화 보러 간다.
561. I go to school (   ) bike. 나는 자전거 타고 학교에 간다.
562. I am in (   ) (   ) grade. 나는 7학년이다.

제14장 숫자, 수량 세기

563. I would like to eat a (p   ) of cake. 케이크 한 조각 먹고 싶다.

217

564. I need three (s   ) of white paper. 나는 하얀 종이 세 장이 필요하다.
565. There was a (   ) water in the pool. 웅덩이에 물이 조금밖에 없었다.
566. I am going to drink two (   ) (   ) water. 나는 물 두 컵을 마시려고 한다.
567. The rabbit drinks (l   ) water. 토끼는 물을 거의 안 마신다.
568. There is a (p   ) of steak in the ice box. 박스 안에 한 조각의 스테이크가 있다.
569. There are (   ) kids in my family. 우리 가족에는 많은 아이들이 있다.
570. I put two (   ) of salt into the cooker. 나는 냄비 안에 두 컵의 소금을 부었다.
571. There is (   ) little money in the handbag. 핸드백에 돈이 조금 있다.
572. She has a (   ) of books in her living room. 그녀는 거실에 책을 많이 가지고 있다.
573. This (   ) of cake is (   ) you. 이 케이크 조각은 너를 위한 것이다.
574. I want (   ) hot. 나는 무언가 따뜻한 것을 원한다.

제15장 비인칭 주어 It

575. (   ) dark. 날이 어둡다.
576. (   ) cloudy. 날씨가 흐리다.
577. It's 11 (   ). 11시다.
578. It's March (   ). 3월 20일이다.
579. (   ) about 5 kilometers from here to the post office. 여기에서 우체국까지 약 5킬로미터이다.
580. It's snowy (   ) afternoon. 오늘 오후는 눈이 내린다.
581. There is a bug in (   ) bottle. It is a spider. 병 안에 벌레가 있다. 그것은 거미이다.
582. It's (   ) today. 오늘은 비가 오는 날이다.
583. It's June (   ). 6월 15일이다.
584. It's about 5 kilometers (   ) the school to the bank. 학교에서 은행까지 약 5킬로미터이다.
585. (   ) summer here. 여기는 여름이다.
586. I bought a (l   ) of bread yesterday. I ate it this morning. 나는 어제 빵 한 덩어리를 샀다. 나는 오늘 아침 그것을 먹었다.
587. We went (   ) a picnic. It was clean outside. 우리는 소풍을 갔다. 바깥 날씨가 맑았다.
588. (   ) nine o'clock. I'm late for the class. 9시다. 수업에 늦었다.
589. I like cats, so I am going to buy (   ). 나는 고양이를 좋아한다. 그래서 나는 한 마리를 사려고 한다.
590. He has a cat. I like (   ). I am going to buy it. 그는 고양이를 가지고 있다. 나는 그것을 좋아한다. 나는 그것을 사려고 한다.

591. I have no pencils. I need (   ). 나는 연필이 없다. 하나 필요하다.
592. You gave me a pencil last night. I lost (   ) this morning. 네가 어제 나에게 연필을 주었다. 나는 그것을 잃어버렸다.
593. I don't want a red blouse. Show me another (   ). 나는 빨간 블라우스는 원하지 않습니다. 다른 것을 보여 주세요.
594. I don't like a fat cat. I want a thin (   ). 나는 뚱뚱한 고양이는 원하지 않습니다. 나는 날씬한 것을 원합니다.
595. I bought a bike a week ago. I am going to ride (   ) in the park. 나는 일주일 전에 자전거를 샀다. 나는 공원에서 그것을 탈 것이다.

제16장 수동태 I

596. I like this (f   ) fellow. 나는 이 우호적인 친구가 맘에 든다.
597. This friendly fellow (   ) (   ) by me. 이 우호적인 친구는 나에 의해 좋아함을 받는다.
598. King Sejong (in   ) Hangeul. 세종대왕이 한글을 발명했다.
599. Hangeul (   ) invented by King Sejong. 한글은 세종대왕에 의해 발명되었다.
600. He is (w   ) his car. 그는 그의 차를 닦고 있는 중이다.
601. His car (   ) (   ) washed by him. 그의 차는 그에 의해 닦여지고 있는 중이다.
602. A: Where were you born? B: I (   ) (   ) in Damyang.
    A: 어디서 태어났니? B: 나는 담양에서 태어났다.
603. (T   ) speak English in Canada. 캐나다에서는 영어를 말한다.
604. English is (   ) in Canada. 영어는 캐나다에서 말이 된다.
605. He liked the dog. 그는 개를 좋아했다.
606. The dog (   ) liked (   ) him. 개는 그에 의해 좋아함을 받았다.
607. Columbus discovered the new continent. 콜럼버스는 신대륙을 발견했다.
608. The new continent (   ) (   ) by Columbus. 신대륙은 콜럼버스에 의해 발견되었다.
609. He kicked the dog. 그는 개를 찼다.
610. The dog (   ) (   ) by him. 개는 그에 의해서 채였다.
611. They speak Chinese there. 거기에서 사람들은 중국어를 말한다.
612. Chinese is (   ) there. 중국어는 그곳에서 말이 된다.
613. He picked many flowers. 그들은 많은 꽃을 꺾었다.
614. Many flowers (   ) picked by him. 많은 꽃들이 그에 의해서 꺾였다.

제17장 감탄문

615. (   ) smart he is! 그는 참으로 영리하구나!
616. (   ) smart this boy is! 이 소년은 참으로 영리하구나.
617. (   ) a smart boy he is! 그는 참으로 영리한 소년이구나.
618. (   ) a beautiful rose this is! 이것은 참 아름다운 장미구나.
619. (   ) beautiful this rose is! 이 장미는 참 아름답구나.
620. (   ) a worry the child is! 참 귀찮은 애로군!
621. (   ) a lazy boy he is! 그는 얼마나 게으른 소년인가!
622. (   ) a brave boy you are! 너는 정말 용감한 소년이구나!
623. (   ) foolish (   ) you to trust him. 그 사람 말을 믿다니 당신도 바보군요.

제18장 동명사 I

624. I like (   ) soccer with friends on Sundays. 나는 일요일마다 친구들과 축구하는 것을 좋아한다.
625. = I like (   ) play soccer with friends on Sundays.
626. (   ) this medicine is very easy. 이 약을 먹는 것은 매우 쉽다.
627. =(   ) take this medicine is very easy.
628. My hobby is (c   ) stamps. 나의 취미는 우표를 수집하는 것이다.
629. I like (e   ) many kinds of fast foods. 나는 여러 종류의 fast food를 먹는 것을 좋아한다.
630. Exercising is good (   ) our health. 운동하는 것은 건강에 좋다.
631. My hobby is (m   ) model houses. 나의 취미는 모형 집을 만드는 것이다.
632. Thank you for (r   ) me the book. 나에게 책을 읽어 주어서 감사합니다.
633. He is good (   ) telling a lie. 나는 거짓말을 하는 데 익숙하다.
634. I am interested (   ) keeping pets. 나는 애완동물을 키우는 데 관심이 있다.
635. On my way home, I was afraid (   ) meeting a scary wolf. 집으로 돌아오는 길에 나는 무서운 늑대를 만나는 것을 두려워했다.
636. I enjoyed (g   ) out helpful informations on the Internet. 나는 인터넷상에서 유익한 정보들을 나누어 주는 것을 즐겼다.
637. A: Would you mind (o   ) the window? B: Of course (   ).
    A: 창문을 열어 주시겠어요?(직역:창문을 여는 것을 꺼려 하십니까?)
    B: 물론 아니지. (창문을 열어도 된다는 뜻임)
638. He wants (   ) travel around the world as soon (   ) possible. 그는 가능한 한 빨리 세계 일주 여행을 하기를 원한다.

639. They enjoyed (s   ) in the river. 그들은 강에서 수영하는 것을 즐겼다.
640. He must stop (s   ) for his health. 그는 건강을 위하여 흡연을 중지해야 한다.
641. He likes (e   ) hot foods like Maeoon Tang. 그는 매운탕 같은 뜨거운 음식을 먹는 것을 좋아한다.
642. He gave up (a   ) me to lend me some money. 그는 나에게 돈을 좀 빌려 달라는 부탁하는 일을 포기했다.
643. I am good (   ) playing the piano. 나는 피아노를 치는 데 익숙하다.
644. He wants (   ) travel around the world. 그는 세계 일주 여행을 하는 것을 원한다.
645. I hope (   ) live in the mountains in the future. 나는 미래에 산속에서 살고 싶다.
646. I expect you (   ) look after my animals. 나는 당신이 나의 동물들을 돌보기를 기대합니다.
647. I promise (   ) water your flower pots. 나는 너의 화분에 물을 줄 것을 약속한다.
648. I am interested (   ) helping the poor. 나는 가난한 사람들을 돕는 데 관심이 있다.
649. He minds my (r   ) a bike on the street. 그는 내가 거리에서 자전거를 타는 것을 꺼려 한다.
650. (   ) his way to school, he is always afraid of (m   ) a bully. 학교로 가는 길에 그는 깡패를 만나는 것을 두려워한다.
651. He is planning (   ) visit his home town (   ) soon (   ) possible. 그는 가능한 한 빨리 그의 고향을 방문할 계획이다.
652. He gave up (s   ) because of lack of money. 그는 돈이 부족해서 공부를 중단했다.
653. He left without (s   ) good-bye to me. 그는 나에게 인사도 하지 않고 떠났다.
654. It is no (   ) crying over spilt milk. 엎질러진 우유 때문에 우는 것은 소용이 없다.
655. I feel (   ) going on a hike this summer. 나는 이번 여름에 하이킹을 가고 싶다.
656. I am looking (   ) to (ha   ) a surprise party for mom. 나는 엄마를 위한 깜짝 파티를 여는 것을 기대하고 있다.
657. He (k   ) walking into the mountains. 그는 산속으로 계속 걸어 들어갔다.
658. I was busy (p   ) my house. 나는 집에 페인트칠을 하느라고 바빴다.
659. It is no (   ) trying to stop him (   ) smoking. 그가 담배를 끊도록 시도하는 것은 소용없다.
660. They were busy (b   ) a building. 그는 빌딩을 짓느라고 바쁘다.
661. He kept (r   ) to the next bus stop. 그는 다음 버스 정류장까지 계속 뛰었다.

제19장 접속사

662. I thought (   ) you were satisfied (   ) our service. 나는 네가 우리의 서비스에 만족한다고 생각했다.
663. It is certain (   ) he will succeed. 그가 성공할 것이라는 것은 확실하다.

664. I am sure (   ) he will agree with me. 나는 그가 나에게 동의할 것을 확신한다.
665. I'm not sure (w   ) I should tell you this. 내가 너한테 이런 말을 해야 할지 잘 모르겠어.
666. (   ) I was (   ) school, my favorite subject was science. 학창 시절에 내가 가장 좋아하는 과목은 과학이었다.
667. (A   ) I am sick, I'll clean the room. 나는 비록 아프지만 방을 청소할 것이다.
668. Can you spare five minutes (   ) it's convenient? 편리할 때 5분 정도 내주실 수 있겠습니까?
669. You can stay for the weekend (   ) you like. 당신이 원한다면 주말 동안 머무를 수 있다.
670. Write me (   ) you're away. 당신이 떠나 있는 동안에 나에게 편지해요.
671. I know (   ) I am not alone. 나는 내가 혼자가 아니라는 것을 안다.
672. I hope (   ) he will succeed. 나는 그가 성공하기를 희망한다.
673. I am sure (   ) she will need flour. 나는 그녀가 밀가루를 필요로 할 것을 확신한다.
674. I am not sure (i   ) she will accept your offer. 나는 그녀가 너의 제안을 받아들일지 확신할 수 없다.
675. It's certain (   ) he will refuse the proposal. 그가 그 제안을 거절할 것은 확실하다.
676. You can take it (   ) you like. 맘에 들면 가져라.
677. (   ) I was swimming in the sea, I was afraid of meeting a shark. 바다에서 수영하는 동안 상어를 만날까 봐 걱정했다.
678. He is (s   ) to lend you some money. 그는 틀림없이 너에게 얼마의 돈을 빌려 줄 것이다.
679. I didn't know (   ) you were here. 나는 네가 여기에 있는 것을 몰랐다.
680. It isn't a fact (   ) he is brave. 그가 용감하다는 것은 사실이 아니다.
681. It is certain (   ) he missed the appointment. 그가 약속을 잊은 것이 확실하다.
682. (   ) he will not forgive you is natural. 그가 너를 용서하지 않는 것이 당연하다.
683. This is the time (   ) roses look most beautiful. 지금이 장미가 가장 예쁘게 보일 때이다.
684. This is the (r   ) why he didn't attend church. 이것이 그가 교회에 불참한 이유이다.
685. I don't like (   ) he responds. 나는 그가 대답하는 방식이 맘에 안 든다.
686. This is the place (   ) the two paths join. 이곳이 그 두 오솔길이 합쳐지는 지점이다.
687. Sunday is the only day (   ) we can relax. 일요일은 내가 쉴 수 있는 유일한 날이다.
688. The day (   ) I start for the project is drawing near. 프로젝트를 시작할 날이 임박했다.
689. May I ask you the reason (   ) you made that decision? 당신이 그런 결정을 한 이유를 물어봐도 될까요?
690. Gwangju is the place (   ) I come. 광주는 나의 출신지이다.
691. The (   ) he says things really make me mad. 그가 말하는 방식을 나를 정말 화나게 만든다.
692. I can't understand (   ) you describe the thief. 나는 네가 그 도둑을 묘사하는 방법을 이해할 수 없다.

제20장 비교급

693. He is (   ) than me. 그는 나보다 더 키가 크다.
694. He is (   ) (   ) in his class. 그는 그의 반에서 가장 키가 크다.
695. She looks (   ) beautiful than ever. 전보다 더 예뻐진 것 같다.
696. She is (   ) (   ) beautiful woman in her company. 그녀는 회사에서 가장 아름다운 여자이다.
697. As time goes by, the work becomes (   ) difficult. 시간이 갈수록 일이 더 어려워진다.
698. The last question on the exam was (   ) (   ) difficult. 시험에서 마지막 문제가 가장 어려웠다.

제21장 재귀 대명사, 부정 대명사

699. I said to (   ), "He can't be false." 나는 나 자신에게 "그가 틀릴 리가 없어"라고 말했다.
700. I love (   ). 나는 나 자신을 사랑한다.
701. I ordered him (   ) stop (m   ). 내가 직접 그에게 중지하라고 명령했다.
702. You must handle this difficult situation (   ) yourself. 너는 혼자 힘으로 이 어려운 상황을 대처해야만 한다.
703. He lives all (   ) himself. 그는 아무도 없이 혼자 산다.
704. I enjoyed (   ) at the party last night. 나는 어젯밤에 파티를 즐겼다.
705. (   ) yourself (   ) these cookies. 이 쿠키를 마음껏 드세요.
706. (   ) yourself at home (   ) I finish preparing for the party. 파티 준비를 마칠 동안 편하게 있어요.
707. He stood up for (   ) to overcome all hard time. 그는 모든 고난을 극복하고 스스로의 힘으로 자립하였다.
708. You'll soon be able to drive by (   ). 너는 곧 혼자 운전할 수 있게 될 것이다.
709. I still know how to enjoy (m   )! 나는 여전히 즐기는 법을 안다.
710. Take off your coat and make (   ) at home. 코트를 벗고 편하게 계세요.
711. Help (   ) to anything you like on the table. 아무거나 테이블 위에 있는 것을 맘대로 먹어라.
712. Watch (   ). 조심해.
713. I have two sons, (   ) is a carpenter and the other is a dentist. 나는 두 아들이 있는데 하나는 목수이고 다른 하나는 치과 의사이다.
714. I have no pen. Can you lend me (   ). 펜이 없다. 하나 빌려 줄래?

715. You bought me a pen yesterday. I lost (   ) this afternoon. 나는 오늘 오후 그것(네가 어제 사준 그 펜)을 잃어버렸다.

716. Some like baseball, and (   ) like basketball. 어떤 사람들은 야구를 좋아하고 또 다른 사람들은 농구를 좋아한다.

717. If you don't like the skirt, you can always wear (   ) one. 그 스커트가 맘에 들지 않으면 언제든지 다른 것을 입어도 돼.

718. I have two cats. (   ) is white and (   ) (   ) is black. 나에게 고양이 두 마리가 있는데 하나는 희고 다른 것은 검다.

719. Some are for you, (   ) are against you. 어떤 사람들은 너에게 찬성을 하고 다른 사람들은 반대한다.

720. I forgot to bring a pen. Can you lend me (   ). 펜을 가져 오는 것을 잊어버렸는데 하나 빌려 줄 수 있니?

721. I don't like this jacket. Show me (   ) one. 나는 이 재킷이 맘에 안 든다. 다른 것을 보여줘라.

제22장 다양한 동사 활용

722. This rice (w   ) bad. It smells sour. 이 밥은 상했다. 쉰 냄새가 난다.

723. You (   ) foolish. 어리석어 보인다.

724. You look (   ) a fool. 바보처럼 보인다.

725. Yours looks (   ) expensive. 너의 것이 더 비싸 보인다.

726. Put (   ) your coat. or Put your coat on. 코트를 입어라.

727. I sent (   ) a cute puppy. 나는 그에게 귀여운 강아지 한 마리를 보냈다.

728. Take it (   ). 그것을 벗어라.

729. I tried to prevent him (   ) meeting you. 나는 그가 너를 만나지 못하도록 노력했다.

730. (   ) comes a foul ball! Catch it! 여기로 파울 볼 날아온다. 잡아라.

731. (   ) are many kinds of fish in this lake. 이 호수에는 많은 종류의 물고기가 산다.

732. I gave (   ) a fat cat. 내가 그에게 뚱뚱한 고양이 한 마리를 주었다.

733. =I gave a fat cat (   ) him.

734. Her mom bought (   ) a new car. 그녀의 엄마가 그녀에게 새 차 한 대를 사주셨다.

735. Her mom bought a new car (   ) her.

736. May I ask (   ) a question. 당신에게 질문 하나 해도 됩니까?

737. =(M   ) I ask a question (   ) you?

738. I (h   ) my brother continue with the project. 나는 형이 그 프로젝트를 계속하도록 하였다.

739. I saw him (d   ) a picture. or I saw him (d   ) a picture. 나는 그가 그림을 그리는 것을 보았다.

740. I heard her (   ) the piano in the room. 나는 그 여자가 방에서 피아노 연주하는 것을 들었다.
741. You (   ) to help your brother to do his homework. 너의 동생이 숙제를 하는 것을 도와주어야 한다.
742. (Wo   ) you get me a cup of water? 물 한 잔 갖다주시겠어요?
743. I had my computer (f   ). 나는 나의 컴퓨터를 고쳤다.
744. I had my house (p   ). 나는 집에 페인트칠을 했다.
745. I (m   ) him study harder than before. 나는 그가 전보다 더 열심히 공부하도록 만들었다.
746. (L   ) me show you my album. 앨범을 보여드릴게요.
747. I told him (   ) send a letter. 나는 그에게 편지를 보내라고 말했다.
748. I (h   ) my sister go there. 나는 나의 여동생을 거기에 가게 했다.
749. I saw her (   ) in the living room. 나는 그녀가 거실에서 춤추는 것을 보았다.
750. I heard him (   ) the piano. 나는 그가 피아노를 연주하는 것을 들었다.

제23장 관계 대명사 I

751. I know a girl (   ) likes you. 나는 너를 좋아하는 소녀를 알고 있다.
752. I know a girl (   ) you like. 나는 네가 좋아하는 소녀를 안다.
753. I have a dog (   ) dislikes you 나는 너를 싫어하는 개를 가지고 있다.
754. I have a dog (   ) you dislike. 나는 네가 싫어하는 개를 가지고 있다.
755. I have a friend (   ) can sing a song well. 나는 노래를 잘하는 친구가 있다.
756. You are the girl (   ) I love most. 너는 내가 가장 사랑하는 소녀이다.
757. This is the painting (   ) I like most. 이것은 내가 가장 좋아하는 그림이다.
758. This is the dog (   ) dislikes meat. 이것은 고기를 싫어하는 개다.
759. This is the cake (   ) I bought for you. 이것은 내가 너를 위해 사준 케이크다.
760. The man (   ) I saw there was your teacher. 내가 거기에서 본 남자는 너의 선생님이다.
761. Look at the window (   ) was broken by the wind. 바람에 의해 깨진 창문을 보아라.
762. The (   ) book isn't selling very well. 지루한 책은 잘 팔리지 않는다.
763. This is the boy (w   ) I met in the park yesterday. 이 애는 내가 어제 공원에서 만난 소년이다.
764. The dog (   ) bit her was shot. 그녀를 문 개는 사살되었다.

제24장 현재 완료

765. He ( ) ( ) in Seoul for five years. 그는 5년 동안 서울에 살았다(지금도 살고 있다).
766. They have ( ) in Seoul ( ) 2005. 그들을 2005년 이후로 서울에 살고 있다.
767. This wine has (g   ) bad. 이 포도주는 맛이 변했다.
768. I ( ) (l   ) my watch. 나는 시계를 잃어버려서 지금 없다.
769. She has ( ) ( ) Seoul. 그녀는 서울에 가본 적이 있다.
770. I have never ( ) such a big worm. 나는 그렇게 큰 벌레를 본 적이 없다.
771. She has ( ) to Seoul. 그녀는 서울에 가고 없다.
772. I ( ) just finished my homework. 나는 나의 숙제를 이제 막 마쳤다.
773. A: ( ) you ever been ( ) North Korea? B: Yes, I have.
    A: 너 북한에 가본 적 있어? B: 응, 가본 적 있어.
774. I ( ) the athlete two month ( ). 나는 두 달 전에 그 운동선수를 만났다.
775. A: ( ) you ever seen the bird that can speak. B: No, I ( ).
    A: 말하는 새를 본 적이 있니? B: 아니, 없어.
776. When ( ) you meet her? 너는 그녀를 언제 만났니?
777. She has ( ) reading a novel for two hours. 그는 두 시간째 소설을 읽고 있다.
778. Do you know ( ) ( ) is? 너는 그가 어디에 있는지 아니?
779. She said to me, "( ) can ( ) do for you?" 그녀는 나에게 말했다. "그가 너를 위해 무엇을 할 수 있겠니?"
780. She asked me what she ( ) do for me. 그녀는 나에게 자신이 나를 위해 할 수 있는 일이 무엇인지를 물었다.
781. He told me that I ( ) sad. 그는 나에게 내가 슬퍼 보인다고 말했다.
782. Tell me what he ( ). 그가 하는 것 즉 그의 직업이 무엇인지 말해다오.
783. Do you know (w   ) he met her yesterday? 너는 그가 어제 그녀를 만났는지 아니?
784. He said ( ) me, "Do you like me?" 그는 나에게 말했다. "너 나 좋아하니?"
785. He asked me (w   ) I ( ) him. 그는 내가 자기를 좋아하는지의 여부를 물었다.
786. ( ) do you think he ( )? 너는 그가 어디에 살고 있다고 생각하니?
787. ( ) do you think they are ( ) to do? 너는 그들이 무엇을 하려고 한다고 생각하니?

제25장 시제

788. I knew that he ( ) going to send me. 나는 그가 나를 보내려고 한다는 사실을 알았다.

789. I learned that the sun (   ) in the east. 나는 해가 동쪽에서 떠오른다는 것을 배웠다.
790. To (   ) surprise, I knew that the first train (   ) (   ) already. 놀랍게도 나는 첫 기차가 이미 출발했다는 것을 알았다.
791. I learned that the Korean War (   ) out in 1950. 나는 한국 전쟁이 1950년에 벌어진 것을 알았다.
792. If I climb the Jiri mountain one more time, I shall (   ) climbed it three times. 내가 지리산을 한 번 더 오르면 세 번 오른 셈이 된다.
793. If it (   ), I won't go on a picnic. 비가 오면 소풍을 가지 않겠다.
794. I will wait (   ) you like me. 네가 나를 좋아할 때까지 나는 기다리겠다.
795. When he (   ) back home, I will hold a party. 그가 집에 돌아올 때 나는 파티를 열겠다.
796. I don't know (   ) he (   ) come back. 나는 그가 언제 돌아올지(돌아올지의 여부를) 모른다.

제26장 to 부정사 II

797. I (h   ) my brother continue with the project. 나는 형이 그 프로젝트를 계속하도록 하였다.
798. I saw him (d   ) a picture. 나는 그가 그림을 그리는 것을 보았다.
799. You (   ) to help your brother to(생략 가능) do his homework. 너는 너의 동생이 숙제를 하는 것을 도와주어야 한다.
800. =You have (   ) help your brother (   ) his homework.
801. You had (   ) give up this exam. 너는 이번 시험은 포기하는 것이 더 낫겠다.
802. You had (   ) (   ) give up this exam. 너는 이번 시험을 포기하지 않는 것이 낫겠다.
803. I cannot (   ) respect her. 나는 그녀를 존경하지 않을 수 없다.
804. =I cannot (   ) respecting her.
805. She did nothing (   ) shed tears. 그녀는 눈물을 흘릴 뿐이었다.
806. I need a sheet of paper to write (   ). 나는 쓸 종이가 한 장 필요하다.
807. (   ) put together these pieces is not easy. 이 조각들을 조립하는 것은 쉽지 않다.
808. =It's not easy (   ) put together these pieces.
809. It's not easy (   ) her (   ) put together these pieces. 그녀가 이 조각들을 조립하는 것은 쉽지 않다.
810. It's very kind (   ) you (   ) donate to the charity. 네가 자선 단체에 기부하는 것은 친절한 일이다.
811. How foolish (   ) you (   ) trust him. 그를 신뢰하다니 당신은 어리석군요.
812. He is too weak (   ) take care of himself. 그는 자기 자신을 돌보기에는 너무 약하다.
813. He is (   ) weak that he (   ) take care of himself. 그는 너무 약해서 자신을 돌볼 수 없다.

814. The rabbit ran (   ) fast (   ) I couldn't chase it. 토끼가 너무 빨리 달려서 나는 그것을 쫓아갈 수가 없었다.
815. =The rabbit ran too fast (   ) him (   ) chase.
816. He is so diligent (   ) he will handle the customer's complain right away. 그는 부지런해서 고객의 불만을 즉시 처리할 것이다.
817. He is diligent (e   ) to handle the customer's complain right away. 그는 부지런해서 고객의 불만을 즉시 처리한다.
818. She is so intelligent (   ) she will not put off treating such a important problem. 그녀는 매우 지혜로워서 그런 중요한 문제를 다루는 일을 연기하지 않을 것이다.
819. =She is intelligent enough (   ) (   ) put off treating such a important problem
820. I met him (   ) order to help him. 나는 그를 돕기 위해 그를 만났다.
821. =I met him so (   ) I might help him.
822. I was careful so as (   ) (   ) hurt his feeling. 나는 그의 감정을 상하게 하지 않으려고 주의했다.
823. =I was careful lest I (   ) hurt his feeling.
824. He is (   ) strong (   ) he will be able to endure any difficulties. 그는 매우 강해서 어떤 어려움도 인내할 수 있을 것이다.
825. He is strong enough (   ) be able to endure any difficulties. 그는 어떤 어려움도 인내할 만큼 충분히 강하다.
826. It moved (   ) quickly (   ) I couldn't follow it. 그것은 너무 빨리 움직여서 나를 그것을 따를 수 없었다.
827. It moved too quickly (   ) me (   ) follow. 그것은 내가 따라가기에는 너무 빨리 움직였다.
828. He was (   ) weak (   ) stand. 그는 너무 약해서 설 수 없다.
829. =He was (   ) weak (   ) he couldn't stand.
830. He runs (   ) slow that he (   ) win the game. 그는 너무 느리게 달려서 게임에서 이길 수 없다.
831. =He runs (   ) slow to win the game.
832. I turned my head away (   ) he should see my tears.
     나는 그가 나의 눈물을 보지 못하도록 고개를 돌렸다.
833. (   ) tell you the truth, I don't like you (   ) more. 사실을 말하자면 나는 너를 더 이상 좋아하지 않는다.
834. She can dance well, (   ) (   ) mention singing. 그녀는 노래는 물론이고 춤도 잘 출 수 있다.
835. (   ) begin with, we must prepare for the exam. 우선 우리는 시험을 준비해야 한다.
836. (   ) tell you the truth, I think you are not able to carry out that project. 솔직히 말하자면 나는 네가 그 작업을 수행할 수 없을 것이라고 생각한다.
837. (   ) (   ) mention math, I am very good at science. 수학은 말할 것도 없고 나는 과학도 잘한다.

838. (   ) begin (   ), you must prepare for breakfast. 우선 너는 아침을 준비해야 한다.
839. Man (i   ) to die someday. 사람은 언젠가 죽게 되어 있다.
840. I think (   ) difficult to discuss the religious theory. 종교 이론을 토의하는 것은 어렵다고 생각한다.
841. It (s   ) that he is rich. 그는 부자인 것처럼 보인다.
842. =He seems (   ) (   ) rich.
843. It (   ) that he invented the cleaning robot. 그는 청소용 로봇을 발명한 것처럼 보인다.
845. =He seems to (   ) (   ) the cleaning robot.
846. It seems (   ) he met a burglar in the forest. 그는 숲속에서 강도를 만난 것 같아 보인다.
847. =He seems to (   ) (   ) a burglar in the forest.
848. I swim every day so (   ) I can stay healthy. 나는 건강을 유지하기 위해 매일 수영을 한다.
849. =I swim every day (   ) order (   ) stay healthy.
850. I swim every day so (   ) to stay healthy. 나는 건강을 유지하기 위해 매일 수영을 한다.
851. I worked hard (   ) that my son (m   ) continue his study. 나는 나의 아들이 공부를 계속할 수 있게 하기 위해 열심히 일했다.
852. =I worked hard in order (   ) my son (   ) continue his study.
853. I was very careful (   ) I should spill the juice. 나는 주스를 흘리지 않으려고 매우 주의를 기울였다.
854. =I was very careful so as (   ) (   ) spill the juice.
855. It is (   ) that he feels responsible for the accident. 그는 그 사고에 대해 책임을 느끼는 것 같나.
856. =He is (   ) (   ) feel responsible for the accident.
857. It (   ) that you (   ) enduring many difficulties. 너는 많은 어려움을 인내하고 있는 것처럼 보인다.
858. =You (   ) (   ) be enduring many difficulties.
859. It (   ) that a war (   ) break out. 전쟁이 발발할 것 같다.
860. =A war (   ) to break out.
861. It (   ) that he worked as an astronomer. 그는 천문학자로 일한 것 같다.
862. =He seems to (   ) (   ) as an astronomer.
863. It (   ) that she was an agent. 그녀는 대리인이었던 것 같다.
864. =She seems to (   ) (   ) an agent.
865. To tell you the truth, I go to library everyday (   ) that I (m   ) meet a beautiful clerk. 사실을 말하자면 나는 아름다운 사무원을 만나기 위해 매일 도서관에 간다.
866. =To tell you the truth, I go to library everyday in (   ) to meet a beautiful clerk.
867. =To tell you the truth, I go to library everyday so (   ) to meet a beautiful clerk.
868. =To tell you the truth, I go to library everyday (   ) meet a beautiful clerk.

869. I tried my best (   ) that my children (m   ) live in a new house. 나는 나의 자녀들이 새 집에서 살 수 있도록 하기 위해 최선을 다했다.
870. =I tried my best in (   ) (   ) my children to live in a new house.
871. =I tried my best (   ) my children (   ) live in a new house.
872. I moved carefully (   ) I should wake up my baby. 나는 아기를 깨우지 않으려고 조심스럽게 움직였다.
873. =I moved carefully (   ) as (   ) to wake up my baby.
874. It is (   ) that he created the model. 그가 그 모델을 발명한 것 같다.
875. =He is (   ) to (   ) created the model.

제27장 조동사 II

876. He (   ) be sick in bed now. 그는 지금 아파서 누워 있음에 틀림없다.
877. He (   ) be an actor. 그가 배우일 리가 없다.
878. He (   ) have been upset. 그는 화가 났었을지도 모른다.
879. He (   ) have been punished for absence from class. 그는 수업을 빼먹은 것 때문에 벌을 받았음에 틀림없다.
880. He (   ) have been injured. 그가 상처를 입었을 리가 없다.
881. You (   ) (   ) emphasized the way he treated that problem. 너는 그가 그 문제를 다룬 방식을 강조했어야 했다.
882. You (   ) (   ) have argued with him. 너는 그와 논쟁을 하지 말았어야 했다.
883. I (   ) rather remain single (   ) marry such an ugly man. 나는 그렇게 못생긴 남자와 결혼하느니 혼자 사는 것이 낫겠다.
884. I (   ) rather drink coffee than tea. 나는 차보다 커피를 마시는 것을 더 좋아한다.
885. I (   ) rather (   ) refuse his propose. 나는 그의 제안을 거절하고 싶지 않다.
886. The doctor insisted that the patient (   ) limit his use of alcohol. 의사는 그 환자가 알코올의 사용을 제한해야 한다고 주장했다.
887. It was natural that you (   ) try to prevent him (   ) marrying her. 네가 그가 그녀와 결혼하는 것을 막으려고 시도하는 것은 당연했다.
888. He (   ) be disappointed at the news. 그는 그 소식에 실망했음에 틀림없다.
889. The rumor (   ) be true. 그 소문이 사실일 리가 없다.
890. He may (   ) broken the vase. 그가 꽃병을 깼을지도 모른다.
891. She (   ) have talked about you negatively. 그녀가 너에 대해 부정적으로 말했음에 틀림없다.
892. They can't (   ) criticized your paintings. 그들이 너의 그림들을 흠잡았을 리가 없다.

893. You should (   ) selected a small house. 너는 작은 집을 선택했어야 했다.
894. You should (   ) (   ) elected him chairman. 너희는 그를 의장으로 선출하지 말았어야 했다.
895. I would (   ) go alone than go with him, 그와 함께 가느니 차라리 혼자 가겠다.
896. You should (   ) (   ) shouted before many students. 나는 많은 학생들 앞에서 소리를 치지 말았어야 했다.
897. I could not (   ) feeling pity for the beggar. 나는 그 거지에게 동정심을 느끼지 않을 수 없었다.
898. People (   ) but protest against injustice. 사람들은 부정행위를 보고 항의하지 않을 수 없다.
899. We cannot emphasize the importance of health (   ) much. 건강의 중요성은 아무리 강조해도 지나치지 않다.
900. You (   ) well hate him thoroughly. 네가 그를 철저하게 미워하는 것도 당연하다.
901. We may as (   ) break up as (   ) as you keeps your bad habit. 너의 나쁜 습관을 유지한다면 우리는 헤어지는 것이 더 낫겠다.
902. He is depressed and cannot (   ) crying. 그는 슬퍼서 울지 않을 수 없다.
903. She may (   ) be proud of her son. 그녀가 아들을 자랑하는 것도 당연하다.
904. You may (   ) well keep the money in your wallet. 돈을 지갑에 간수하는 게 좋을 거야.
905. We cannot (   ) study foreign languages. 우리는 외국어를 배울 수밖에 없다.

제28장 가정법

906. If I (   ) a computer, I could play the games. 컴퓨터가 있다면 게임을 할 텐데.
907. Since I (   ) have a computer, I can not play the games. 내가 컴퓨터가 없어서 나는 게임을 할 수 없다.
908. If I (   ) her address, I (   ) write to her. 내가 그녀의 주소를 안다면 나는 그녀에게 쓸 수 있을 텐데. (실제로는 모르는 경우)
909. (   ) I don't know her address, I (   ) write to her. 내가 그녀의 주소를 모르기 때문에 나는 그녀에게 편지를 쓸 수 없다.
910. If I (   ) a bird, I would fly to you. 내가 새라면 너에게 날아갈 텐데.
911. Without your help, I (   ) not (   ) (   ). 너의 도움이 없었더라면 나는 성공하지 못했을 텐데. (실제로는 너의 도움이 있어서 성공했다)
912. If I (   ) her address, I could write to her. 내가 그녀의 주소를 안다면 편지를 쓸 텐데. (실제로는 그녀의 주소를 모르는 경우)
913. If I (   ) (   ) the fact, I would have told you. 내가 그 사실을 알았더라면 너에게 말했을 텐데.
914. (S   ) I didn't know the fact, I didn't tell you. 내가 그 사실을 몰랐기 때문에 나는 너에게 말하지 않았다.

915. (H   ) I (   ) the fact, I would have told you. 내가 그 사실을 알았더라면 내가 너에게 말했을 텐데. (실제로는 몰랐다)
916. If I (   ) (   ) free yesterday, I would have helped you. 내가 어제 자유로웠더라면 나는 너를 도왔을 텐데.
917. (S   ) I was not free yesterday, I couldn't help you. 내가 어제 자유롭지 못했기 때문에 너를 도울 수 없었다.
918. If I (   ) followed his advices, I (   ) not be poor now. 내가 그의 조언을 따랐더라면 내가 지금 가난하지 않을 텐데.
919. I wish I (   ) a computer. or I am sorry that I (   ) have a computer. 컴퓨터가 한 대 있었으면 좋을 텐데.
920. I wish that I (   ) (   ) more diligent in my youth. 내가 젊었을 때 좀 더 근면했으면 좋았을 텐데.
921. He talks (   ) if he (   ) seen the accident. 그는 자기가 그 사고를 본 것처럼 말한다.
922. He looked (   ) if he (   ) (   ) a ghost. 그는 유령을 본 것처럼 보였다.
923. (   ) water, nothing could live. 물이 없다면 아무것도 살 수 없다.
924. =If it (   ) not (   ) water, nothing (   ) live.
925. How do you like here? 여기가 얼마나 마음에 드니?
926. (   ) your help, I would (   ) failed. 너의 도움이 없었더라면 나는 실패했을 것이다.
927. =If it (   ) not (   ) (   ) your help, I would have failed.
928. If she (s   ) come to meet me tomorrow, I would be very happy. 그녀가 내일 나를 만나러 온다면 나는 매우 행복할 텐데. (가능성이 희박한 가정)
929. If the sun (   ) to rise in the west, I would come to like you. 해가 서쪽에서 뜬다면 내가 너를 좋아하게 될 텐데.
930. If I (   ) rich, I (   ) buy you a new car. 내가 부자라면 너에게 새 차를 한 대 사줄 텐데. (실제로는 부자가 아니다)
931. =(S   ) I am not rich, I can not buy you a new car. 부자가 아니어서 너에게 새 차를 사줄 수 없다.
932. If I (   ) free. I could go to the library. 내가 자유롭다면 도서관에 갈 텐데.
933. If I (   ) you, I (   ) not help him. 내가 너라면 그를 돕지 않을 텐데.
934. (   ) you walk more quickly, you will miss the train. 네가 더 빨리 걷지 않으면 열차를 놓칠 거야.
935. Start at once, (   ) you will be late. 지금 출발해라, 그렇지 않으면 너는 늦을 거야.
936. It is raining, (ot   ) we could play soccer. 비가 오고 있다 그렇지 않다면 우리는 축구를 할 수 있을 텐데.
937. Apologize to her right now, (   ) she will leave you. 지금 당장 사과해라, 그렇지 않으면 그녀는 너를 떠날 것이다.
938. It's time you (   ) go to bed. or It't time you (   ) to bed. 잠자러 갈 시간이다.

939. (Su   ) that I were rich. or (Su   ) that I were rich. 내가 부자라면!
940. (Pro   ) that I dated her. or (Pro   ) that I dated her. 내가 그녀와 데이트를 할 수 있다면!
941. Providing (   ) it were to rain. 만약에 비가 온다면.
942. What (   ) the war would happen. 전쟁이 일어난다면.
943. He acts as (   ) he (   ) everything. 그는 자기가 모든 것을 아는 것처럼 행동한다.
944. He talks as (   ) he (   ) (   ) rich. 그는 자기가 부자였던 것처럼 말한다.

제29장 관계 대명사 II

945. I know a girl (   ) father likes you. 나는 (그 소녀의) 아빠가 너를 좋아하는 그 소녀를 알고 있다.
946. I have a dog (   ) which tail is red. 나는 꼬리가 빨간 개를 가지고 있다.
960. =Damyang is the town (   ) I was born in. 담양은 내가 태어난 읍이다.
961. =Damyang is the town (   ) (   ) I was born.
962. Damyang is the town (   ) I was born.
963. Look at her and her dog (   ) are running over there. 저기에 달려가고 있는 그녀와 그녀의 개를 보아라.
964. This is the only man (   ) I can trust. 이 사람은 내가 신뢰할 수 있는 유일한 사람이다.
965. Tell me something (   ) you know about her character. 그녀의 성격에 대해 아는 무언인가를 나에게 말해다오.
966. Who (   ) knows her can't love her? 그녀를 아는 누가 그녀를 사랑하지 않을 수 있겠는가?
967. I have a friend (   ) is from Japan. 나는 일본 출신인 친구가 있다.
968. I have a friend (   ) mother is a doctor. 나는 엄마가 의사인 그런 친구가 있다.
969. I called at the bank (   ) my mom works. 나는 엄마가 일하시는 은행을 방문했다.
970. I bought the book (   ) had been written by him. 나는 그에 의해 쓰여진 책을 가지고 있다.
971. I saw your sister (   ) is wearing red pants. 나는 빨간 바지를 입고 있는 너의 여동생을 보았다.
972. This is the man (   ) I talked about yesterday. 이 사람이 내가 어제 말했던 그 남자이다.
973. This park is the place (   ) I met her first. 이 공원은 내가 그녀를 처음 만난 장소이다.
974. This is the village (   ) I have lived in since 2001. 이것은 내가 2001년 이후로 죽 살아온 마을이다.
975. These are all the fruits (   ) I have. 이것들은 내가 가지고 있는 모든 과일이다.
976. This is the book (   ) which he is looking. 이것은 그가 찾던 책이다.
977. That is the pen (   ) I wrote the letter with. 저것은 내가 편지를 썼던 펜이다.
978. If it (   ) tomorrow, I won't go fishing. 내일 비가 오면 낚시를 가지 않을 것이다.
979. Do you know (i   ) it will snow this weekend. 이번 주말에 눈이 올는지 아니?

980. I consider Mr. Kim a wonderful teacher. 나는 김 선생님이 훌륭한 선생님이라고 생각한다.
981. Let's buy this wine, (   ) we? 이 포도주 삽시다.
982. (N   ) is more precious than love. 사랑보다 더 귀중한 것은 없다.
983. This is (   ) my father purposed for me. 이것이 나의 아버지가 나를 위해 의도하신 것이다.
984. He told me the reason (   ) you left the school. 그는 나에게 네가 학교를 떠난 이유를 나에게 말해줬다.
985. Music (   ) was composed by Mozart is so moving. 모차르트에 의해 작곡된 음악은 매우 감동적이다.
986. I don't know (   ) he said. 나는 그가 말한 내용을 모른다.
987. I don,t know (   ) he said. 나는 그가 말을 했다는 사실을 모른다.
988. I will buy you (   ) you want. 나는 네가 무엇을 원하든지 다 사주겠다.
989. I will buy you no matter (   ) you want. 나는 네가 무엇을 원하든지 다 사주겠다.
990. No (   ) where you may go, I will follow you. 네가 어디를 가든지 나는 너를 따라가겠다.
991. =(   ) you may go, I will follow you.
992. He went to Paris, (   ) he stayed for two weeks. 그는 파리로 갔다. 그리고 거기서 2주 동안 머물렀다.

제30장 분사 구문

993. Who is the man (t   ) to Mary? 메리에게 말하고 있는 남자가 누구냐?
994. They found the (s   ) wallet at last. 그들은 드디어 잃어버린 지갑을 찾았다.
995. He is a (   ) man. 그는 (남을) 지루하게 만드는 사람이다.
996. He is (   ). 그는 지루해하고 있다.
997. He sat (sur   ) by many children. 그는 많은 어린이들에 의해 둘러싸인 채 앉아있다.
998. We had our house (pa   ). 우리는 우리 집을 페인트칠 했다.
999. She heard the baby (   ). 그녀는 아기가 우는 것을 들었다.
1000. As I (   ) tired, I went to bed early. 나는 피곤함을 느껴서 일찍 자러 갔다.
1001. =(   ) tired, I went to bed early.
1002. If they (   ) (   ) daily, vitamin pills can improve your health. 매일 섭취한다면 비타민제는 너의 건강을 증진시킬 수 있다.
1003. =(   ) (   ) daily, vitamin pills can improve your health.
1004. =(   ) daily, vitamin pills can improve your health.
1005. As I didn't know what to say, I remained silent. 무엇을 말해야 할지 몰라서 나는 잠자코 있었다.

1006. =(　　)(　　) what to say, I remained silent.
1007. As I (　　) lost all my money, I went home on foot. 돈을 잃어버려서 나는 걸어서 집에 갔다.
1008. =(　　) lost all my money, I went home on foot.
1009. Because the lights (　　) gone out, we couldn't see anything. 전기가 나가서 우리는 아무 것도 볼 수 없었다.
1010. =(　　)(　　)(　　) gone out, we couldn't see anything.
1011. As I (　　) not (　　) breakfast, I walked slowly. 나는 아침을 먹지 못해서 천천히 걸었다.
1012. =(　　)(　　) eaten breakfast, I walked slowly.
1013. As it (　　), I can't go out. 비가 와서 나는 외출할 수 없다.
1014. =(　　) raining, I can't go out.
1015. I saw the dog (cha　　) after hare. 나는 토끼를 쫓고 있는 개를 보았다.

제31장 동명사 II

1016. I am sorry (　　) I am late for the class. 나는 수업에 늦어서 미안하다.
1017. =I am sorry (　　) being late for the class.
1018. I am ashamed (　　) he is idle. 나는 그가 게으르다는 사실이 부끄럽다.
1019. =I am ashamed (　　) his (　　) idle.
1020. I am sure that she (　　) a mistake. 나는 그녀가 실수를 했다고 확신한다.
1021. =I am sure of (　　)(　　) made a mistake.
1022. I am sure (　　) she didn't make a mistake. 나는 그녀가 실수를 하지 않았다고 확신한다.
1023. =I am sure of her (　　)(　　) made a mistake.
1024. I am proud (　　) you are diligent. 나는 내가 근면하다는 사실이 자랑스럽다.
1025. I am proud of your (　　) diligent. 나는 너의 근면함을 자랑스럽게 여긴다.
1026. Do you mind my (　　) the door? 문을 열어도 괜찮겠습니까?
1027. We are sure of his (　　) innocent. 우리는 그의 결백을 확신한다.
1028. I am proud (　　) being strong. 나는 강한 것에 대해 자부심을 느낀다.
1029. I am sorry that I was absent (　　) the meeting. 나는 모임이 불참했던 것을 미안하게 생각한다.
1030. I am sorry for (　　) absent (　　) the meeting. 모임에 못 가서 미안하다.
1031. He is not (ash　　) of (　　) been ignored by her. 그는 그녀에 의해 무시당했던 것을 창피해 하지 않는다.
1032. My timid friend is afraid (　　) talking before girls. 나의 소심한 친구는 소녀들 앞에서 말하는 것을 두려워한다.

1033. There is no reason (　　) her to be angry with me. 그녀가 나에게 화를 낼 이유가 없다.
1034. Are you sure (　　) his (　　)? 너는 그가 올 거라는 것을 확신하니?
1035. I am sorry (　　) losing your umbrella. 너의 우산을 잃어버려서 미안해.
1036. I am busy (wri　　) the report. 나는 보고서를 쓰느라고 바쁘다.
1037. He spent much money (tra　　) around the world. 그는 세상을 여행하느라 많은 돈을 썼다.
1038. I could not (　　) kicking her. 나는 그녀를 차지 않을 수 없었다.
1039. He is used (　　) telling a lie. 그는 거짓말을 하는 데 익숙하다.

제32장 수동태 II

1040. You must look for the key. 너는 키를 찾아야만 한다.
= The key (　　) (　　) looked for by you.
1041. She has sent me some money.
= Some money (　　) (　　) sent (to) me by her.
1042. She gave me lots of books. 그녀는 나에게 많은 책을 주었다.
= Lots of books (　　) (　　) (　　) me by her.
= I (　　) (　　) lots of books by her.
1043. I (　　) made (　　) wash his car. 나는 그의 차를 닦도록 시킴을 받았다.
1044. He was (　　) (　　) hit her. 그가 그녀를 치는 것이 목격되었다.
1045. Send the letter = Let the letter (　　) sent.
1046. Don't send the letter.
= Let the letter (　　) (　　) sent.
= (　　) let the letter be sent.
1047. It is said that he is rich. 사람들이 그가 부유하다고 말한다.
= He is (　　) (　　) be rich.
1048. They say that he was rich.
= (　　) is said that he was rich.
= He is said to (　　) (　　) rich.

핵심 문장들 정리

녹음 파일은 지식과감성# 자료실에서 받아 보실 수 있습니다.

370. I will take you to the hospital. 나는 너를 병원에 데리고 가겠다.
371. I can bring two buckets of hot water. 나는 뜨거운 물 두 양동이를 가져올 수 있다.
372. You must study hard to pass the exam. 너는 시험에 합격하기 위해 열심히 공부해야 한다.
373. He must be false. 그가 틀렸음에 틀림없다.
374. I shall be there tomorrow. 나는 내일 거기에 있게 될 것이다.
375. You should be kind to old people. 너는 노인들에게 친절해야 한다.
376. She may go out at night. 그녀는 밤에 외출해도 된다.
377. He may be sick in bed. 그는 아파서 누워있을지 모른다.
378. You ought to help your mom after dinner. 너는 식사 후에 엄마를 도와야 한다.
379. She can solve the problem. 그녀는 그 문제를 풀 수 있다.
380. I will begin to work at 6. 나는 여섯 시에 일을 시작하겠다.
381. You must go to bed early. 일찍 자야 한다.
382. She ought to begin before noon. 그녀는 정오 이전에 시작해야 한다.
383. The rumor may be true. 그 소문은 사실일지도 모른다.
384. I shall be in the mountains next month. 나는 다음 달에는 산속에 있게 될 것이다.
385. He must be sick. 그가 아픈 것임에 틀림없다.
386. She should wait for two hours. 그녀는 두 시간 동안 기다려야 한다.
387. You must not climb the wall. 너는 벽에 올라가서는 안 된다.
388. We cannot live without air. 우리는 공기 없이 살 수 없다.
389. You must come back by five. 너는 5시까지는 돌아와야 한다.
390. You must stay in the library until 5. 너는 5시까지는 도서관에 머물러야 한다.
391. A: I am happy at the news. B: So am I.
    A: 나는 그 소식에 기쁘다. B: 나도 그래.
392. A: I usually read magazines on the bus or subway. B: So do I.
    A: 나는 주로 버스나 지하철에서 잡지를 읽는다. B: 나도 그래.
393. A: I like her. B: So does he.
    A: 나는 그녀를 좋아해. B: 그도 그녀를 좋아한다.
394. He must take medicine to cure his cold. 그는 감기를 치료하기 위해 약을 복용해야 한다.
395. You should not make a noise in the museum. 너는 박물관에서 소란을 피워서는 안 된다.

396. She can't read a map. 그녀는 지도를 읽을 수 없다.
397. You ought to clean your room. 너는 너의 방을 청소해야 한다.
398. I couldn't sleep well last night because of mice. 나는 쥐들 때문에 어젯밤 잠을 잘 잘 수 없었다.
399. You must not meet such an unkind man. 너는 그런 불친절한 사람을 만나서는 안 된다.
400. You shouldn't meet her. 너는 그녀를 만나지 말아야 한다.
401. She can use my cellphone. 그녀는 나의 휴대폰을 사용할 수 있다.
402. You should speak to your parents kindly. 너는 부모님께 친절하게 말해야 한다.
403. I will not do anything for him. 나는 그를 위해서 아무것도 하지 않겠다.
404. You should stay in the museum until 11. 너는 11시까지 박물관에 머물러야 한다.
405. He must come back by midnight. 너는 자정까지 돌아와야 한다.
406. I couldn't catch the first train yesterday. 나는 어제 첫 열차를 잡을 수 없었다.
407. A: I like math. B: So do I.
　　　A: 나는 수학을 좋아한다. B: 나도 그래.
408. A: I am sad at the news. B: So am I.
　　　A: 나는 그 소식 때문에 슬프다. B: 나도 그래
409. A: I hate him. B: So does she. A: 나는 그를 싫어한다. B: 그 여자도 그래.
410. You can stay here until six. 너는 6시까지 여기에서 머물 수 있다.
411. Can you stay here until six. 너는 6시까지 여기에 머물 수 있니?
412. Will you get me a cup of water? 물 한 잔 갖다주시겠어요?
413. Would you get me a cup of water? 물 한 잔 갖다주시겠어요?
414. A: May I know your phone number? B: Yes, you may.
　　　A: 너의 전화번호를 알 수 있니? B: 예, 알려 드리겠습니다.
415. You need not come back. 너는 돌아올 필요가 없다.
416. You don't need to come back. 너는 돌아올 필요가 없다.
417. You have to study until 10 p. m. 너는 오후 10시까지 공부해야 한다.
418. You don't have to hurry up. 너는 서두를 필요가 없다.
419. Does he have to solve such a difficult problem? 그가 그렇게 어려운 문제를 풀어야만 하니?
420. He is going to move to a new apartment. 그는 새로운 아파트로 이사를 가려고 한다.
421. You are able to cross the river. 너는 강을 건널 수 있다.
422. Are you able to walk without a stick? 지팡이 없이 걸을 수 있니?
423. She has to move a small apartment. 그는 작은 아파트로 이사해야 한다.
424. You have to be frank. 너는 솔직해야 한다.
425. They are going to send a gift to you. 그들은 너에게 선물을 보내려고 한다.
426. I am going to direct you as a teacher. 나는 선생님으로서 너에게 지시하려고 한다.
427. Do you have to leave now? 너 지금 떠나야만 하니?
428. Are you going to have lunch with him? 너 그와 함께 점심 먹으려고 하니?

429. Does he have to enter the college? 그는 대학에 들어가야만 하니?
430. He is not able to win the game. 그는 게임에서 이길 수 없다.
431. He doesn't have to hurry up to catch the first train. 첫 열차를 타기 위해 그는 서두를 필요가 없다.
432. You need not invite them. 너는 그들을 초대할 필요가 없다.
433. I usually have breakfast at 7:30. 나는 보통 7:30에 아침을 먹는다.
434. You can sometimes go out with my puppy. 너는 강아지를 데리고 종종 외출할 수 있다.
435. A: Who is this lady? B: She is my sister.
    A: 이 아가씨는 누구냐? B: 그녀는 나의 여동생이다.
436. A: What's this? B: It's a pill.
    A: 이것은 무엇입니까? B: 그것은 알약이다.
437. A: What color do you like best? B: I like blue best.
    A: 너는 어떤 색을 가장 좋아하니? B: 나는 파란색을 제일 좋아한다.
438. A: What are you? B: I am an engineer.
    A: 당신의 직업은 무엇입니까? B: 나는 엔지니어다.
439. A: What day is today? B: Today is Sunday. or It's Sunday
    A: 오늘은 무슨 요일이니? B: 오늘은 일요일이다.
440. A: What time is it now? B: It's seven o'clock.
    A: 지금 몇 시입니까? B: 7시입니다.
441. A: Whose sheep did you sell? B: I sold my sheep.
    A: 누구의 양을 팔았니? B: 너의 양을 팔았다.
442. A: What does your mother do? B: She is a science teacher.
    A: 너의 어머니의 직업은 뭐니? B: 과학 선생님이시다.
443. A: To whom did you write? B: I wrote a letter to my dad.
    A: 너는 누구에게 편지를 썼니? B: 나는 아빠에게 편지를 썼다.
444. A: With whom did you dance? B: I danced with my wife.
    A: 당신은 누구와 춤을 추었습니까? B: 나의 아내와 춤을 추었다.
445. A: What are you going to do tomorrow.
    B: I am going to go fishing tomorrow.
    A: 내일 너는 무엇을 하려고 하니? B: 낚시를 가려고 한다.
446. A: What do you think of the movie? B: I think it is interesting.
    A: 그 영화에 대해 어떻게 생각하니? B: 흥미롭다고 생각한다.
447. A: What kind of car are you interested in?
    B: I am interested in sports car.
    A: 너는 어떤 종류의 차에 관심이 있니? B: 나는 스포츠 차에 관심이 있다.
448. A: What is the weather like there? B: It's very cold here.
    A: 거기 날씨가 어떠냐? 즉 무엇과 같으냐? B: 매우 춥다.

449. What's up? 무슨 일이니?
450. What's wrong with you? 무슨 안 좋은 일이라도 있니?
451. Nothing special. 아니 특별한 것은 없어.
452. A: Who are you? B: I am Jane. A: 너는 누구니? B: 나는 제인이다.
453. A: Who is this beautiful woman? B: She is my girlfriend.
 A: 이 예쁜 여자가 누구니? B: 그 애는 나의 여자 친구야.
454. A: What's this? B: It is an egg.
 A: 이것이 뭐니? B: 그것은 계란이야.
455. A: What sport do you like best? B: I like soccer best.
 A: 어떤 운동을 제일 좋아하니? B: 나는 축구를 제일 좋아한다.
456. A: Whose apples are red? B: His apples are red.
 A: 누구의 사과가 빨갛니? B: 그의 사과들이 빨갛다.
457. A: What day is today? B: It's Sunday.
 A: 오늘 무슨 요일이니? B: 일요일이야.
458. A: Whose sheep did you eat? B: I ate your sheep.
 A: 너는 누구의 양을 먹었니? B: 나는 너의 양을 먹었다.
459. A: What time is it now? B: It's ten o'clock.
 A: 지금 몇 시니? B: 10시다.
460. A: What does your mother do? B: She is a cook.
 A: 너의 엄마는 무엇을 하시니? B: 그녀는 요리사이다.
461. A: Whom did you invite? B: I invited my friends.
 A: 너는 누구를 초대했니? B: 나는 나의 친구들을 초대했어.
462. A: What do you think of this pizza? B: I think it is very delicious.
 A: 이 피자에 대해 어떻게 생각하니? B: 나는 맛있다고 생각해.
463. I am interesting. 나는 다른 사람을 흥미롭게 하는 사람이다.
464. I am interested. 내가 흥미를 갖는다.
465. The game is exciting. 게임은 흥미진진하다.
466. I was excited to watch the game. 나는 그 게임을 보고 흥분했다.
467. I was bored last Sunday. 나는 지난 일요일 지루했다.
468. The movie was boring. 그 영화는 지루했다.
469. She is boring, so I am bored with her. 그 여자는 다른 사람을 지루하게 하는 여자다. 그래서 나는 여자와 함께 있으면 지루하다.
470. The game was interesting, so I was very interesed in the game. 그 게임은 재미있었다. 그래서 나는 그 게임에 관심이 있다.
471. I was very exciting, so she was very excited with me. 나는 다른 사람을 매우 흥미롭게 하는 사람이었으므로 그래서 그 여자는 나와 함께 있을 때 즐거웠다.

472. A: When is your birthday? B: It's March 10th.
    A: 너의 생일이 언제니? B: 3월 10일이다.
473. A: When did you wake up? B: I woke up at 7.
    A: 너 언제 일어났니? B: 7시에 일어났다.
474. When you get up, you should wake me up. 네가 일어날 때 나를 깨워줘라.
475. A: Where are you from? B: I am from Seoul.
    A: 너 어디 출신이니? B: 나 서울 출신이야.
476. A: Where do you live? B: I live in Damyang.
    A: 너 어디 사니? B: 나는 담양에 산다.
477. A: Which do you like better, coffee or tea? B: I like coffee better.
    A: 너는 커피와 차 중 어느 것을 더 좋아하니? B: 나는 커피가 더 좋아.
478. When did you get up? 너 언제 일어났니?
479. Where is he from? 그는 어디 출신이니?
480. When was the party? 파티는 언제 있었니?
481. Where are you going to go this afternoon? 오늘 오후에 어디에 갈 거니?
482. Where does he live? 그는 어디에 사니?
483. Which one do you like better, soccer or tennis? 축구와 테니스 중 어느 것을 더 좋아하니?
484. When he left, she cried. 그가 떠났을 때 그녀는 울었다.
485. When you talk to me, look me in the eye. 나에게 말을 할 때 내 눈을 보아라.
486. A: How do you go to school. B: On foot.
    A: 너는 어떻게 학교에 가니? B: 걸어서.
487. A: How are you? B: I'm fine. How about you?
    A: 안녕하십니까? B: 좋아요. 당신은 어떠십니까?
488. A: How old are you? B: I am 11 years old. A: 몇 살이니? B: 11살이야.
489. A: How long are your feet? B: They are about 25 centimeters long.
    A: 너의 발 사이즈 얼마니? B: 약 25센티이다.
490. A: How often do you go to the movies. B: Once a month.
    A: 얼마나 자주 영화 보러 가니? B: 한 달에 한 번.
491. A: How much is this clock? B: It's 20 dollars.
    A: 이 벽시계 얼마예요? B: 20달러야.
492. How much does it cost to copy one page? 한 페이지 복사하는 데 얼마죠?
493. A: Why did you get up so early at dawn. B: Because I felt hungry.
    A: 새벽에 왜 이렇게 일찍 일어났니? B: 배고파서.
494. A: Why are you late for the concert.
    B: It's because of rain. or Because it is raining.
    A: 콘서트에 왜 이렇게 늦었니? B: 비가 와서 침대에 누워 있었기 때문에.

495. A: Why was Jinho absent from the meeting today?
    B: Because he was sick in bed.
    A: 진호는 오늘 왜 미팅에 결석했니? B: 아파서.
496. A: Why are you so busy now? B: Because of a lot of homework.
    A: 너 지금 왜 이렇게 바쁘니? B: 많은 숙제 때문에
497. Why don't you take a break? 휴식을 취하지 그래요?
498. How about taking a break?
499. What about taking a break?
500. Why don't we go to a movie? 우리 영화 보러 가는 것 어때?
501. =Shall we go to a movie?
502. How about going to a movie? 영화 보러 가는 것 어때?
503. =What about going to a movie?
504. Let's go to a movie. 영화 보러 가자.
505. A: May I speak to Jane. B: This is she (speaking).
    A: 제인 좀 바꿔 주시겠어요? B: 전데요.
506. Can I take a message. 메시지를 남기시겠어요?
507. Would you like to leave a message for her.
508. A: How do you go to work? B: I walk to work.
    A: 너 어떻게 출근하니? B: 걸어서 출근한다.
509. A: How are you? B: I'm fine. Thank you.
    A: 안녕하십니까? B: 좋습니다. 감사합니다.
510. A: How old are you? B: I am 11 years old.
    A: 너 몇 살이니? B: 나는 11살이다.
511. A: How long is this tree? B: It's about five meters long.
    A: 이 나무는 얼마나 기니? B: 약 5미터 정도 된다.
512. A: How often do you play tennis? B: Twice a month.
    A: 얼마나 자주 테니스를 치니? B: 한 달에 두 번.
513. A: Why were you late for the game? B: It was because of traffic jam.
    A: 경기에 왜 늦었니? B: 교통 혼잡 때문이었어.
514. How many books do you read a month? 한 달에 얼마나 많은 책을 읽니?
515. What time is the museum open? 박물관이 언제 오픈하니?
516. What is the weather like there? 거기 날씨가 어떠니?
517. How much is this cute watch? 이 귀여운 시계는 얼마니?
518. Which one is better, this one or that one?
    이것과 저것 중 어느 것이 더 좋니?
    Which cat do you like better, the white one or the black one.
    흰 고양이와 검은 고양이 중 어느 것을 더 좋아하니?

519. With whom are you going to go fishing? 누구와 함께 낚시를 가려고 하니?
520. A: Why are you crying? B: Because my cat died.
    A: 왜 울고 있니? B: 나의 고양이가 죽었기 때문이야.
521. No matter where you go, I will follow you. 네가 어디로 가든지 나는 너를 따르겠다.
522. No matter how hard you try, you can not persuade me. 너는 아무리 노력해도 나를 설득할 수 없다.
523. No matter when you meet him by chance, you must not express your feelings. 그를 우연히 만나는 언제라도 너는 너의 느낌을 표현하지 말아야 한다.
524. No matter what she wears, she looks very charming. 그녀는 무엇을 입든지 매력적으로 보인다.
525. No matter what you tell me to do, I will disobey. 당신이 무엇을 말하든 나는 당신에게 복종하지 않겠다.
526. =Whatever you tell me to do, I will disobey.
527. No matter where you are, don't forget me. 네가 어디에 있든지 나를 잊지 마라.
528. =Wherever you are, don't forget me.
529. When he leaves, tell him to leave nothing behind. 그가 떠날 때 아무것도 남기지 말라고 말해 주세요.
530. No matter when he starts, he will be late for class. 그가 언제 출발하더라도 그는 수업에 늦을 것이다.
531. No matter how cruel they are, they will not hurt children. 그들이 아무리 잔인하더리도 그들은 어린이들은 해치지 않을 것이다.
532. =However cruel they are, they will not hurt children.
533. I came to learn how to swim. 나는 어떻게 수영하는지 배웠다.
534. I learned where to swim. 나는 어디에서 수영해야 하는지 배웠다.
535. I learned when to swim. 나는 언제 수영해야 하는지를 배웠다.
536. Don't forget what to buy. 무엇을 사야 할지 잊지 마라.
537. I learned what to do for my parents. 나는 부모님을 위해 무엇을 해야 하는지 배웠다.
538. =I learned what I should do for my parents.
539. Don't forget when to call me. 나에게 전화해야 할 때를 잊지 마라.
540. Don't forget when you should call me.
541. I came to know where to buy the book. 그 책을 어디서 사야 하는지 배웠다.
542. My mom taught me how to cook. 엄마가 나에게 요리하는 법을 가르쳐 주셨다.
543. I didn't decide what to do next. 나는 다음에 무엇을 해야 할지 결정하지 않았다.
544. I don't know what I should do for the poor patients. 나는 그 불쌍한 환자들을 위해 무엇을 해야 할지 모르겠다.
545. I found where to go to meet him. 나는 그를 만나기 위해 어디로 가야 하는지를 알아냈다.

546. I can't decide when to start. 나는 언제 출발해야 할지 결정할 수 없다.
547. I gave a car to him. The car was expensive. 나는 그에게 차를 한 대 주었다. 그 차는 비싸다.
548. Would you please open the window? 창문 좀 열어 주시겠어요?
549. My aunt is playing the piano. 나의 이모가 피아노를 연주하고 있다.
550. The boy in the classroom is my brother. 교실 안의 소년은 나의 형제이다.
551. The sun rises in the east. 해는 동쪽에서 뜬다.
552. Math is my favorite subject. 수학은 나의 좋아하는 과목이다.
553. I played soccer with my friends. 나는 친구들과 축구를 했다.
554. She was playing the piano then. 그녀는 그때 피아노를 연주하고 있었다.
555. I went to the school to meet friends. 나는 친구들을 만나러 학교에 갔다.
556. The woman in the restaurant is my mother. 식당에 계신 여자 분이 나의 어머니시다.
557. We had lunch at 1: 00 pm. 우리는 오후 한 시에 점심을 먹었다.
558. Let's go to see the sea. 바다 보러 가자.
559. She goes shopping in the afternoon. 그 여자는 오후에 장보러 간다.
560. We go to see the movie by bus. 우리는 버스 타고 영화 보러 간다.
561. I go to school by bike. 나는 자전거 타고 학교에 간다.
562. I am in the seventh grade. 나는 7학년이다.
563. I would like to eat a piece of cake. 케이크 한 조각 먹고 싶다.
564. I need three sheets of white paper. 나는 하얀 종이 세 장이 필요하다.
565. There was a little water in the pool. 웅덩이에 물이 조금밖에 없었다.
566. I am going to drink two cups of water. 나는 물 두 컵을 마시려고 한다.
567. The rabbit drinks little water. 토끼는 물을 거의 안 마신다.
568. There is a piece of steak in the ice box. 박스 안에 한 조각의 스테이크가 있다.
569. There are many kids in my family. 우리 가족에는 많은 아이들이 있다.
570. I put two cups of salt into the cooker. 나는 냄비 안에 두 컵의 소금을 부었다.
571. There is a little money in the handbag. 핸드백에 돈이 조금 있다.
572. She has a lot of books in her living room. 그녀는 거실에 책을 많이 가지고 있다.
573. This piece of cake is for you. 한 조각의 케이크는 너를 위한 것이다.
574. I want something hot. 나는 무언가 따뜻한 것을 원한다.
575. It's dark. 날이 어둡다.
576. It's cloudy. 날씨가 흐리다.
577. It's 11 o'clock. 11시다.
578. It's March 20th. 3월 20일이다.
579. It's about 5 kilometers from here to the post office. 여기에서 우체국까지 약 5킬로미터이다.
580. It's snowy this afternoon. 오늘 오후는 눈이 내린다.
581. There is a bug in the bottle. It is a spider. 병 안에 벌레가 있다. 그것은 거미이다.

582. It's raining today. 오늘은 비가 오는 날이다.
583. It's June 15th. 6월 15일이다.
584. It's about 5 kilometers from the school to the bank. 학교에서 은행까지 약 5킬로미터이다.
585. It's summer here. 여기는 여름이다.
586. I bought a loaf of bread yesterday. I ate it this morning. 나는 어제 빵 한 덩어리를 샀다. 나는 오늘 아침 그것을 먹었다.
587. We went on a picnic. It was clean outside. 우리는 소풍을 갔다. 바깥 날씨가 맑았다.
588. It's nine o'clock. I'm late for the class. 9시다. 수업에 늦었다.
589. I like cats, so I am going to buy one. 나는 고양이를 좋아한다. 그래서 나는 한 마리를 사려고 한다.
590. He has a cat. I like it. I am going to buy it. 그는 고양이를 가지고 있다. 나는 그것을 좋아한다. 나는 그것을 사려고 한다.
591. I have no pencils. I need one. 나는 연필이 없다. 하나 필요하다.
592. You gave me a pencil last night. I lost it this morning. 네가 어제 나에게 연필을 주었다. 나는 그것을 잃어버렸다.
593. I don't want a red blouse. Show me another one. 나는 빨간 블라우스는 원하지 않습니다. 다른 것을 보여 주세요.
594. I don't like a fat cat. I want a thin one. 나는 뚱뚱한 고양이는 원하지 않습니다. 나는 날씬한 것을 원합니다.
595. I bought a bike a week ago. I am going to ride it in the park. 나는 일주일 전에 자전거를 샀다. 나는 공원에서 그것을 탈 것이다.
596. I like this friendly fellow. 나는 이 우호적인 친구가 맘에 든다.
597. This friendly fellow is liked by me. 이 우호적인 친구는 나에 의해 좋아함을 받는다.
598. King Sejong invented Hangeul. 세종대왕이 한글을 발명했다.
599. Hangeul was invented by King Sejong. 한글은 세종대왕에 의해 발명되었다.
600. He is washing his car. 그는 그의 차를 닦고 있는 중이다.
601. His car is being washed by him. 그의 차는 그에 의해 닦여지고 있는 중이다.
602. A: Where were you born? B: I was born in Damyang.
    A: 어디서 태어났니? B: 나는 담양에서 태어났다.
603. They speak English in Canada. 캐나다에서는 영어를 말한다.
604. English is spoken in Canada. 영어는 캐나다에서 말이 된다.
605. He liked the dog. 그는 개를 좋아했다.
606. The dog was liked by him. 개는 그에 의해 좋아함을 받았다.
607. Columbus discovered the new continent. 콜럼버스는 신대륙을 발견했다.
608. The new continent was discovered by Columbus. 신대륙은 콜럼버스에 의해 발견되었다.
609. He kicked the dog. 그는 개를 찼다.

610. The dog was kicked by him. 개는 그에 의해서 채였다.
611. They speak Chinese there. 거기에서 사람들은 중국어를 말한다.
612. Chinese is spoken there. 중국어는 그곳에서 말이 된다.
613. He picked many flowers. 그들은 많은 꽃을 꺾었다.
614. Many flowers were picked by him. 많은 꽃들이 그에 의해서 꺾였다.
615. How smart he is! 그는 참으로 영리하구나!
616. How smart this boy is! 이 소년은 참으로 영리하구나.
617. What a smart boy he is! 그는 참으로 영리한 소년이구나.
618. What a beautiful rose this is! 이것은 참 아름다운 장미구나.
619. How beautiful this rose is! 이 장미는 참 아름답구나.
620. What a worry the child is! 참 귀찮은 애로군!
621. What a lazy boy he is! 그는 얼마나 게으른 소년인가!
622. What a brave boy you are! 너는 정말 용감한 소년이구나!
623. How foolish of you to trust him. 그 사람 말을 믿다니 당신도 바보군요.
624. I like playing soccer with friends on Sundays. 나는 일요일마다 친구들과 축구하는 것을 좋아한다.
625. =I like to play soccer with friends on Sundays.
626. Taking this medicine is very easy. 이 약을 먹는 것은 매우 쉽다.
627. =To take this medicine is very easy.
628. My hobby is collecting stamps. 나의 취미는 우표를 수집하는 것이다.
629. I like eating many kinds of fast foods. 나는 여러 종류의 fast food를 먹는 것을 좋아한다.
630. Exercising is good for our health. 운동하는 것은 건강에 좋다.
631. My hobby is making model houses. 나의 취미는 모형 집을 만드는 것이다.
632. Thank you for reading me the book. 나에게 책을 읽어 주어서 감사합니다.
633. He is good at telling a lie. 나는 거짓말을 하는 데 익숙하다.
634. I am interested in keeping pets. 나는 애완동물을 키우는 데 관심이 있다.
635. On my way home, I was afraid of meeting a scary wolf. 집으로 돌아오는 길에 나는 무서운 늑대를 만나는 것을 두려워했다.
636. I enjoyed giving out helpful informations on the Internet. 나는 인터넷상에서 유익한 정보들을 나누어 주는 것을 즐겼다.
637. A: Would you mind opening the window? B: Of course not.
A: 창문을 열어 주시겠어요? B: 물론 아니지. 즉 창문을 열어도 된다는 뜻임.
638. He wants to travel around the world as soon as possible. 그는 가능한 한 빨리 세계 일주 여행을 하기를 원한다.
639. They enjoyed swimming in the river. 그들은 강에서 수영하는 것을 즐겼다.
640. He must stop smoking for his health. 그는 건강을 위하여 흡연을 중지해야 한다.

641. He likes eating hot foods like Maeoon Tang. 그는 매운탕 같은 뜨거운 음식을 좋아한다.
642. He gave up asking me to lend me some money. 그는 나에게 돈을 좀 빌려 달라는 부탁하는 일을 포기했다.
643. I am good at playing the piano. 나는 피아노를 치는 데 익숙하다.
644. He wants to travel around the world. 그는 세계 일주 여행을 하는 것을 원한다.
645. I hope to live in the mountains in the future. 나는 미래에 산속에서 살고 싶다.
646. I expect you to look after my animals. 나는 당신이 나의 동물들을 돌보기를 기대합니다.
647. I promise to water your flower pots. 나는 너에게 너의 화분에 물을 줄 것을 약속한다.
648. I am interested in helping the poor. 나는 가난한 사람들을 돕는 데 관심이 있다.
649. He minds my riding a bike on the street. 그는 내가 거리에서 자전거를 타는 것을 꺼려 한다.
650. On his way to school, he is always afraid of meeting a bully. 학교로 가는 길에 그는 깡패를 만나는 것을 두려워한다.
651. He is planning to visit his home town as soon as possible. 그는 가능한 한 빨리 그의 고향을 방문할 계획이다.
652. He gave up studying because of lack of money. 그는 돈이 부족해서 공부를 중단했다.
653. He left without saying good-bye to me. 그는 나에게 인사도 하지 않고 떠났다.
654. It is no use crying over spilt milk. 엎질러진 우유 때문에 우는 것은 소용이 없다.
655. I feel like going on a hike this summer. 나는 이번 여름에 하이킹을 가고 싶다.
656. I am looking forward to having a surprise party for mom. 나는 엄마를 위한 깜짝 파티를 여는 것을 기대하고 있다.
657. He kept walking into the mountains. 그는 산속으로 계속 걸어 들어갔다.
658. I was busy painting my house. 나는 집에 페인트칠을 하느라고 바빴다.
659. It is no use trying to stop him from smoking. 그가 담배를 끊도록 시도하는 것은 소용없다.
660. They were busy building a building. 그는 빌딩을 짓느라고 바쁘다.
661. He kept running to the next bus stop. 그는 다음 버스 정류장까지 계속 뛰었다.
662. I thought that you were satisfied with our service? 나는 네가 우리의 서비스에 만족한다고 생각했다.
663. It is certain that he will succeed. 그가 성공할 것이라는 것은 확실하다.
664. I am sure that he will agree with me. 나는 그가 나에게 동의할 것을 확신한다.
665. I'm not sure whether I should tell you this. 내가 너한테 이런 말을 해야 할지 잘 모르겠어.
666. When I was at school, my favorite subject was science. 학창 시절에 내가 가장 좋아하는 과목은 과학이었다.
667. Although I am sick, I'll clean the room. 나는 비록 아프지만 방을 청소할 것이다.
668. Can you spare five minutes when it's convenient? 편리할 때 5분 정도 내주실 수 있겠습니까?
669. You can stay for the weekend if you like. 당신이 원한다면 주말 동안 머무를 수 있다.

670. Write me while you're away. 당신이 떠나 있는 동안에 나에게 편지해요.
671. I know that I am not alone. 나는 내가 혼자가 아니라는 것을 안다.
672. I hope that he will succeed. 나는 그가 성공하기를 희망한다.
673. I am sure that she will need flour. 나는 그녀가 밀가루를 필요로 할 것을 확신한다.
674. I am not sure if she will accept your offer. 나는 그녀가 너의 제안을 받아들일지 확신할 수 없다.
675. It's certain that he will refuse the proposal. 그가 그 제안을 거절할 것은 확실하다.
676. You can take it if you like. 맘에 들면 가져라.
677. While I was swimming in the sea, I was afraid of meeting a shark. 바다에서 수영하는 동안 상어를 만날까 봐 걱정했다.
678. He is sure to lend you some money. 그는 틀림없이 너에게 얼마의 돈을 빌려 줄 것이다.
679. I didn't know that you were here. 나는 네가 여기에 있는 것을 몰랐다.
680. It isn't a fact that he is brave. 그가 용감하다는 것은 사실이 아니다.
681. It is certain that he missed the appointment. 그가 약속을 잊은 것이 확실하다.
682. That he will not forgive you is natural. 그가 너를 용서하지 않는 것이 당연하다.
683. This is the time when roses look most beautiful. 지금이 장미가 가장 예쁘게 보일 때이다.
684. This is the reason why he didn't attend church. 이것이 그가 교회에 예배에 불참한 이유이다.
685. I don't like how he responds. 나는 그가 대답하는 방식이 맘에 안 든다.
686. This is the place where the two paths join. 이곳이 그 두 오솔길이 합쳐지는 지점이다.
687. Sunday is the only day when we can relax. 일요일은 내가 쉴 수 있는 유일한 날이다.
688. The day when I start for the project is drawing near. 프로젝트를 시작할 날이 임박했다.
689. May I ask you the reason why you made that decision? 당신이 그런 결정을 한 이유를 물어 봐도 될까요?
690. Gwangju is the place where I come from. 광주는 나의 출신지이다
691. The way he says things really make me mad. 그가 말하는 방식을 나를 정말 화나게 만든다.
692. I can't understand how you describe the thief. 나는 네가 그 도둑을 묘사하는 방법을 이해할 수 없다.
693. He is taller than me. 그는 나보다 더 키가 크다.
694. He is the tallest in his class. 그는 그의 반에서 가장 키가 크다.
695. She looks more beautiful than ever. 전보다 더 예뻐진 것 같다.
696. She is the most beautiful woman in her company. 그녀는 회사에서 가장 아름다운 여자이다.
697. As time goes by, the work becomes more difficult. 시간이 갈수록 일이 더 어려워진다.
698. The last question on the exam was the most difficult. 시험에서 마지막 문제가 가장 어려웠다.
699. I said to myself, "He can't be false." 나는 나 자신에게 "그가 틀릴 리가 없어"라고 말했다.
700. I love myself. 나는 나 자신을 사랑한다.
701. I ordered him to stop myself. 내가 직접 그에게 중지하라고 명령했다.
702. You must handle this difficult situation for yourself. 너는 혼자 힘으로 이 어려운 상황을 대처해야만 한다.

703. He lives all by himself. 그는 아무도 없이 혼자 산다.
704. I enjoyed myself at the party last night. 나는 어젯밤에 파티를 즐겼다.
705. Help yourself to these cookies. 이 쿠키를 마음껏 드세요.
706. Make yourself at home while I finish preparing for the party. 파티 준비를 마칠 동안 편하게 있어요.
707. He stood up for himself to overcome all hard time. 그는 모든 고난을 극복하고 스스로의 힘으로 자립하였다.
708. You'll soon be able to drive by yourself . 너는 곧 혼자 운전할 수 있게 될 것이다.
709. I still know how to enjoy myself! 나는 여전히 즐기는 법을 안다.
710. Take off your coat and make yourself at home. 코트를 벗고 편하게 계세요.
711. Help yourself to anything you like on the table. 아무거나 테이블 위에 있는 것을 맘대로 먹어라.
712. Watch out. 조심해.
713. I have two sons, one is a carpenter and the other is a dentist. 나는 두 아들이 있는데 하나는 목수이고 다른 하나는 치과 의사이다.
714. I have no pen. Can you lend me one. 펜이 없다. 하나 빌려 줄래?
715. You bought me a pen yesterday. I lost it this afternoon. 나는 오늘 오후 그것(네가 어제 사준 그 펜)을 잃어버렸다.
716. Some like baseball, and others like basketball. 어떤 사람들은 야구를 좋아하고 또 다른 사람들은 농구를 좋아한다.
717. If you don't like the skirt, you can always wear another one. 그 스커트가 맘에 들지 않으면 언제든지 다른 것을 입어도 돼.
718. I have two cats. One is white and the other is black. 나에게 고양이 두 마리가 있는데 하나는 희고 다른 것은 검다.
719. Some are for you, others are against you. 어떤 사람들은 너에게 찬성을 하고 다른 사람들은 반대한다.
720. I forgot to bring a pen. Can you lend me one. 펜을 가져 오는 것을 잊어버렸는데 하나 빌려 줄 수 있니?
721. I don't like this jacket. Show me another one. 나는 이 재킷이 맘에 안 든다. 다른 것을 보여줘라.
722. This rice went bad. It smells sour. 이 밥은 상했다. 쉰 냄새가 난다.
723. You look foolish. 어리석어 보인다.
724. You look like a fool. 바보처럼 보인다.
725. Yours looks more expensive. 너의 것이 더 비싸 보인다.
726. Put on your coat. or Put your coat on. 코트를 입어라.
727. I sent him a cute puppy. 나는 그에게 귀여운 강아지 한 마리를 보냈다.
728. Take it off. 그것을 벗어라.
729. I tried to prevent him from meeting you. 나는 그가 너를 만나지 못하도록 노력했다.

730. Here comes a foul ball! Catch it! 파울 볼 날아온다. 잡아라.
731. There are many kinds of fish in this lake. 이 호수에는 많은 종류의 물고기가 산다.
732. I gave him a fat cat. 내가 그에게 뚱뚱한 고양이 한 마리를 주었다.
733. I gave a fat cat to him.
734. Her mom bouhgt her a new car. 그녀의 엄마가 그녀에게 새 차 한 대를 사주셨다.
735. Her mom bought a new car for her.
736. May I ask you a question. 질문 하나 해도 됩니까?
737. =May I ask a question of you?
738. I had my brother continue with the project. 나는 형이 그 프로젝트를 계속하도록 하였다.
739. I saw him draw a picture. or I saw him drawing a picture. 나는 그가 그림을 그리는 것을 보았다.
740. I heard her (play, playing, 둘 다 가능) the piano in the room. 나는 그 여자가 방에서 피아노 연주하는 것을 들었다.
741. You have to help your brother to do his homework. 너의 동생이 숙제를 하는 것을 도와주어야 한다.
742. Would you get me a cup of water? 물 한 잔 갖다주시겠어요?
743. I had my computer fixed. 나는 나의 컴퓨터를 고쳤다.
744. I had my house painted. 나는 집에 페인트칠을 했다.
745. I made him study harder than before. 나는 그가 전보다 더 열심히 공부하도록 만들었다.
746. Let me show you my album. 앨범을 보여드릴게요.
747. I told him to send a letter. 나는 그에게 편지를 보내라고 말했다.
748. I had my sister go there. 나는 나의 여동생을 거기에 가게 했다.
749. I saw her (dance, dancing) in the living room. 나는 그녀가 거실에서 춤추는 것을 보았다.
750. I heard him (playing, play) the piano. 나는 그가 피아노를 연주하는 것을 들었다.
751. I know a girl (who, that) likes you. 나는 너를 좋아하는 소녀를 알고 있다.
752. I know a girl (who, whom, that, 생략 가능) you like. 나는 네가 좋아하는 소녀를 안다.
753. I have a dog (which, that) dislikes you 나는 너를 싫어하는 개를 가지고 있다.
754. I have a dog (which, that, 생략 가능) you dislike. 나는 네가 싫어하는 개를 가지고 있다.
755. I have a friend (who, that) can sing a song well. 나는 노래를 잘하는 친구가 있다.
756. You are the girl (who, whom) I love most. 너는 내가 가장 사랑하는 소녀이다.
757. This is the painting (which, that, 생략 가능) I like most. 이것은 내가 가장 좋아하는 그림이다.
758. This is the dog (which, that) dislikes meat. 이것은 고기를 싫어하는 개다.
759. This is the cake (which, that, 생략 가능) I bought for you. 이것은 내가 너를 위해 사준 케이크다.
760. The man (who, whom, that, 생략 가능) I saw there was your teacher. 내가 거기에서 본 남자는 너의 선생님이다.
761. Look at the window (which, that) was broken by the wind. 바람에 의해 깨진 창문을 보아라.

762. The boring book isn't selling very well. 지루한 책은 잘 팔리지 않는다.
763. This is the boy (who, whom, that, 생략 가능) I met in the park yesterday. 이 애는 내가 어제 공원에서 만난 소년이다.
764. The dog (which, that) bit her was shot. 그녀를 문 개는 사살되었다.
765. He has lived in Seoul for five years. 그는 5년 동안 서울에 살았다.
766. They have lived in Seoul since 2005. 그들을 2005년 이후로 서울에 살고 있다.
767. This wine has gone bad. 이 포도주는 맛이 변했다.
768. I have lost my watch. 나는 시계를 잃어버려서 지금 없다.
769. She has been to Seoul. 나는 서울에 가본 적이 있다.
770. I have never seen such a big worm. 나는 그렇게 큰 벌레를 본 적이 없다.
771. She has gone to Seoul. 그녀는 서울에 가고 없다.
772. I have just finished my homework. 나는 나의 숙제를 이제 막 마쳤다.
773. A: Have you ever been to North Korea? B: Yes, I have.
    A: 너 북한에 가본 적 있어? B: 응, 가본 적 있어.
774. I met the athlete two month ago. 나는 두 달 전에 그 운동선수를 만났다.
775. A: Have you ever seen the bird that can speak. B: No, I haven't.
    A: 말하는 새를 본 적이 있니? B: 아니, 없어.
776. When did you meet her? 너는 그녀를 언제 만났니?
777. She has been reading a novel for two hours. 그는 두 시간째 소설을 읽고 있다.
778. Do you know where he is? 너는 그가 어디에 있는지 아니?
779. She said to me, "What can he do for you." 그녀는 나에게 말했다. "그가 너를 위해 무엇을 할 수 있겠니?"
780. She asked me what she could do for me. 그녀는 나에게 자신이 나를 위해 할 수 있는 일이 무엇인지를 물었다.
781. He told me that I looked sad. 그는 나에게 내가 슬퍼 보인다고 말했다.
782. Tell me what he does. 그가 하는 것 즉 그의 직업이 무엇인지 말해다오.
783. Do you know whether he met her yesterday? 너는 그가 어제 그녀를 만났는지 아니?
784. He said to me, "Do you like me?" 그는 나에게 말했다. "너 나 좋아하니?"
785. He asked me whether I liked him. 그는 내가 자기를 좋아하는지의 여부를 물었다.
786. Where do you think he lives? 너는 그가 어디에 살고 있다고 생각하니?
787. What do you think they are going to do? 너는 그들이 무엇을 하려고 한다고 생각하니?
788. I knew that he was going to send me. 나는 그가 나를 보내려고 한다는 사실을 알았다.
789. I learned that the sun rises in the east. 나는 해가 동쪽에서 떠오른다는 것을 배웠다.
790. To my surprise, I knew that the first train had left already. 놀랍게도 나는 첫 기차가 이미 출발했다는 것을 알았다.
791. I learned that the Korean War broke out in 1950. 나는 한국 전쟁이 1950년에 벌어진 것을 알았다.

792. If I climb the Jiri mountain one more time, I shall have climbed it three times. 내가 지리산을 한 번 더 오르면 세 번 오른 셈이 된다.
793. If it rains, I won't go on a picnic. 비가 오면 소풍을 가지 않겠다.
794. I will wait until you like me. 네가 나를 좋아할 때까지 나는 기다리겠다.
795. When he comes back home, I will hold a party. 그가 집에 돌아올 때 나는 파티를 열겠다.
796. I don't know when he will come back. 나는 그가 언제 돌아올지 (돌아올지의 여부를) 모른다.
797. I had my brother continue with the project. 나는 형이 그 프로젝트를 계속하도록 하였다.
798. I saw him (draw, drawing) a picture. 나는 그가 그림을 그리는 것을 보았다.
799. You have to help your brother to(생략 가능) do his homework. 너는 너의 동생이 숙제를 하는 것을 도와주어야 한다.
800. =You have to help your brother with his homework.
801. You had better give up this exam. 너는 이번 시험은 포기하는 것이 더 낫겠다.
802. You had better not give up this exam. 너는 이번 시험을 포기하지 않는 것이 낫겠다.
803. I cannot but respect her. 나는 그녀를 존경하지 않을 수 없다.
804. =I cannot help respecting her.
805. She did nothing but shed tears. 그녀는 눈물을 흘릴 뿐이었다.
806. I need a sheet of paper to write on. 나는 쓸 종이가 한 장 필요하다.
807. To put together these pieces is not easy. 이 조각들을 조립하는 것은 쉽지 않다.
808. =It's not easy to put together these pieces.
809. It's not easy for her to put together these pieces. 그녀가 이 조각들을 조립하는 것은 쉽지 않다.
810. It's very kind of you to donate to the charity. 네가 자선 단체에 기부하는 것은 친절한 일이다.
811. How foolish of you to trust him. 그를 신뢰하다니 당신은 어리석군요.
812. He is too weak to take care of himself. 그는 자기 자신을 돌보기에는 너무 약하다.
813. He is so weak that he can't take care of himself. 그는 너무 약해서 자신을 돌볼 수 없다.
814. The rabbit ran so fast that I couldn't chase it. 토끼가 너무 빨리 달려서 나는 그것을 쫓아갈 수가 없었다.
815. =The rabbit ran too fast for him to chase.
816. He is so diligent that he will handle the customer's complain right away. 그는 부지런해서 고객의 불만을 즉시 처리할 것이다.
817. He is diligent enough to handle the customer's complain right away. 그는 부지런해서 고객의 불만을 즉시 처리한다.
818. She is so intelligent that she will not put off treating such a important problem. 그녀는 매우 지혜로워서 그런 중요한 문제를 다루는 일을 연기하지 않을 것이다.
819. =She is intelligent enough not to put off treating such a important problem.
820. I met him in order to help him. 나는 그를 돕기 위해 그를 만났다.
821. =I met him so that I might help him.

822. I was careful so as not to hurt his feeling. 나는 그의 감정을 상하게 하지 않으려고 주의했다.
823. =I was careful lest I should hurt his feeling.
824. He is so strong that he will be able to endure any difficulties. 그는 매우 강해서 어떤 어려움도 인내할 수 있을 것이다.
825. He is strong enough to be able to endure any difficulties. 그는 어떤 어려움도 인내할 만큼 충분히 강하다.
826. It moved so quickly that I couldn't follow it. 그것은 너무 빨리 움직여서 나를 그것을 따를 수 없었다.
827. It moved too quickly for me to follow. 그것은 내가 따라가기에는 너무 빨리 움직였다.
828. He was too weak to stand. 그는 너무 약해서 설 수 없다.
829. =He was so weak that he couldn't stand.
830. He runs so slow that he can't win the game. 그는 너무 느리게 달려서 게임에서 이길 수 없다.
831. =He runs too slow to win the game.
    그는 너무 느리게 달려서 게임에서 이길 수 없다.
832. I turned my head away lest he should see my tears.
    나는 그가 나의 눈물을 보지 못하도록 고개를 돌렸다.
833. To tell you the truth, I don't like you any more. 사실을 말하자면 나는 너를 더 이상 좋아하지 않는다.
834. She can dance well, not to mention singing. 그녀는 노래는 물론이고 춤도 잘 출 수 있다.
835. To begin with, we must prepare for the exam. 우선 우리는 시험을 준비해야 한다.
836. To tell you the truth, I think you are not able to carry out that project. 솔직히 말하자면 나는 네가 그 작업을 수행할 수 없을 것이라고 생각한다.
837. Not to mention math, I am very good at science. 수학은 말할 것도 없고 나는 과학도 잘한다.
838. To begin with, you must prepare for breakfast. 우선 너는 아침을 준비해야 한다.
839. Man is to die someday. 사람은 언젠가 죽게 되어 있다.
840. I think it difficult to discuss the religious theory. 종교 이론을 토의하는 것은 어렵다고 생각한다.
841. It seems that he is rich. 그는 부자인 것처럼 보인다.
842. =He seems to be rich.
843. It seems that he invented the cleaning robot. 그는 청소용 로봇을 발명한 것처럼 보인다.
845. =He seems to have invented the cleaning robot.
846. It seems that he met a burglar in the forest. 그는 숲속에서 강도를 만난 것 같아 보인다.
847. =He seems to have met a burglar in the forest.
848. I swim every day so that I can stay healthy. 그녀는 건강을 유지하기 위해 매일 수영을 한다.
849. =I swim every day in order to stay healthy.
850. I swim every day so as to stay healthy. 나는 건강을 유지하기 위해 매일 수영을 한다.
851. I worked hard so that my son might continue his study. 나는 나의 아들이 공부를 계속할 수 있게 하기 위해 열심히 일했다.

852. =I worked hard in order for my son to continue his study.
853. I was very careful lest I should spill the juice. 나는 주스를 흘리지 않으려고 매우 주의를 기울였다.
854. =I was very careful so as not to spill the juice.
855. It is likely that he feels responsible for the accident. 그는 그 사고에 대해 책임을 느끼는 것 같다.
856. =He is likely to feel responsible for the accident.
857. It seems that you are enduring many difficulties. 너는 많은 어려움을 인내하고 있는 것처럼 보인다.
858. =You seem to be enduring many difficulties.
859. It seems that a war will break out. 전쟁이 발발할 것 같다.
860. =A war seems to break out.
861. It seems that he worked as an astronomer. 그는 천문학자로 일한 것 같다.
862. =He seems to have worked as an astronomer.
863. It seems that she was an agent. 그녀는 대리인이었던 것 같다.
864. =She seems to have been an agent.
865. To tell you the truth, I go to library everyday so that I may meet a beautiful clerk. 사실을 말하자면 나는 아름다운 사무원을 만나기 위해 매일 도서관에 간다.
866. =To tell you the truth, I go to library everyday in order to meet a beautiful clerk.
867. =To tell you the truth, I go to library everyday so as to meet a beautiful clerk.
868. =To tell you the truth, I go to library everyday to meet a beautiful clerk.
869. I tried my best so that my children may live in a new house. 나는 나의 자녀들이 새 집에서 살 수 있도록 하기 위해 최선을 다했다.
870. =I tried my best in order for my children to live in a new house.
871. =I tried my best for my children to live in a new house.
872. I moved carefully lest I should wake up my baby. 나는 아기를 깨우지 않으려고 조심스럽게 움직였다.
873. =I moved carefully so as not to wake up my baby.
874. It is likely that he created the model. 그가 그 모델을 발명한 것 같다.
875. =He is likely to have created the model.
876. He must be sick in bed now. 그는 지금 아파서 누워 있음에 틀림없다.
877. He can't be an actor. 그가 배우일 리가 없다.
878. He may have been upset. 그는 화가 났었을지도 모른다.
879. He must have been punished for absence from class. 그는 수업을 빼먹은 것 때문에 벌을 받았음에 틀림없다.
880. He cannot have been injured. 그가 상처를 입었을 리가 없다.

881. You should have emphasized the way he treated that problem. 너는 그가 그 문제를 다룬 방식을 강조했어야 했다.
882. You should not have argued with him. 너는 그와 논쟁을 하지 말아야 했다.
883. I would rather remain single than marry such an ugly man. 나는 그렇게 못생긴 남자와 결혼하느니 혼자 사는 것이 낫겠다.
884. I would rather drink coffee than tea. 나는 차보다 커피를 마시는 것을 더 좋아한다.
885. I would rather not refuse his propose. 나는 그의 제안을 거절하고 싶지 않다.
886. The doctor insisted that the patient should limit his use of alcohol. 의사는 그 환자가 알코올의 사용을 제한해야 한다고 주장했다.
887. It was natural that you should try to prevent him from marrying her. 네가 그가 그녀와 결혼하는 것을 막으려고 시도하는 것은 당연하다.
888. He must be disappointed at the news. 그는 그 소식에 실망했음에 틀림없다.
889. The rumor can't be true. 그 소문이 사실일 리가 없다.
890. He may have broken the vase. 그가 꽃병을 깼을지도 모른다.
891. She must have talked about you negatively. 그녀가 너에 대해 부정적으로 말했음에 틀림없다.
892. They can't have criticized your paintings. 그들이 너의 그림들을 흠잡았을 리가 없다.
893. You should have selected a small house. 너는 작은 집을 선택했어야 했다.
894. You should not have elected him chairman. 너희는 그를 의장으로 선출하지 말아야 했다.
895. I would rather go alone than go with him, 그와 함께 가느니 차라리 혼자 가겠다.
896. You should not have shouted before many students. 나는 많은 학생들 앞에서 소리를 치지 말았어야 했다.
897. I could not help feeling pity for the beggar. 나는 그 거지에게 동정심을 느끼지 않을 수 없었다.
898. People cannot but protest against injustice. 사람들은 부정행위를 보고 항의하지 않을 수 없다.
899. We cannot emphasize the importance of health too much. 건강의 중요성은 아무리 강조해도 지나치지 않다.
900. You may well hate him thoroughly. 네가 그를 철저하게 미워하는 것도 당연하다.
901. We may as well break up as long as you keeps your bad habit. 너의 나쁜 습관을 유지한다면 우리는 헤어지는 것이 더 낫겠다.
902. He is depressed and cannot help crying. 그는 슬퍼서 울지 않을 수 없다.
903. She may well be proud of her son. 그녀가 아들을 자랑하는 것도 당연하다.
904. You may as well keep the money in your wallet. 돈을 지갑에 간수하는 게 좋을 거야.
905. We cannot but study foreign languages. 우리는 외국어를 배울 수밖에 없다.
906. If I had a computer, I could play the games. 컴퓨터가 있다면 게임을 할 텐데.
907. Since I don't have a computer, I can not play the games. 내가 컴퓨터가 없어서 나는 게임을 할 수 없다.
908. If I knew her address, I could write to her. 내가 그녀의 주소를 안다면 나는 그녀에게 쓸 수 있을 텐데.

909. Since I don't know her address, I can't write to her. 내가 그녀의 주소를 모르기 때문에 나는 그녀에게 편지를 쓸 수 없다.
910. If I were a bird, I would fly to you. 내가 새라면 너에게 날아갈 텐데.
911. Without your help, I would not have successed. 너의 도움이 없었더라면 나는 성공하지 못했을 텐데.
912. If I knew her address, I could write to her. 내가 그녀의 주소를 안다면 편지를 쓸 텐데.
913. If I had known the fact, I would have told you. 내가 그 사실을 알았더라면 너에게 말했을 텐데.
914. Since I didn't know the fact, I didn't tell you. 내가 그 사실을 몰랐기 때문에 나는 너에게 말하지 않았다.
915. Had I known the fact, I would have told you. 내가 그 사실을 알았더라면 내가 너에게 말했을 텐데.
916. If I had been free yesterday, I would have helped you. 내가 어제 자유로웠더라면 나는 너를 도왔을 텐데.
917. Since I was not free yesterday, I couldn't help you. 내가 어제 자유롭지 못했기 때문에 너를 도울 수 없었다.
918. If I had followed his advices, I would not be poor now. 내가 그의 조언을 따랐더라면 내가 지금 가난하지 않을 텐데.
919. I wish I had a computer. or I am sorry that I don't have a computer. 컴퓨터가 한 대 있었으면 좋을 텐데.
920. I wish that I had been more diligent in my youth. 내가 젊었을 때 좀 더 근면했으면 좋았을 텐데.
921. He talks as if he had seen the accident. 그는 자기가 그 사고를 본 것처럼 말한다.
922. He looked as if he had seen a ghost. 그는 유령을 본 것처럼 보였다.
923. Without water, nothing could live. 물이 없다면 아무것도 살 수 없다.
924. If it were not for water, nothing could live.
925. How do you like here? 여기가 얼마나 마음에 드니?
926. Without your help, I would have failed. 너의 도움이 없었더라면 나는 실패했을 것이다.
927. =If it had not been for your help, I would have failed.
928. If she should come to meet me tomorrow, I would be very happy. 그녀가 내일 나를 만나러 온다면 나는 매우 행복할 텐데.
929. If the sun were to rise in the west, I would come to like you. 해가 서쪽에서 뜬다면 내가 너를 좋아하게 될 텐데.
930. If I were rich, I could buy you a new car. 내가 부자라면 너에게 새 차를 한 대 사줄 텐데.
931. =Since I am not rich, I can not buy you a new car. 부자가 아니어서 너에게 새 차를 사줄 수 없다.
932. If I were free. I could go to the library. 내가 자유롭다면 도서관에 갈 텐데.
933. If I were you, I would not help him. 내가 너라면 그를 돕지 않을 텐데.
934. Unless you walk more quickly, you will miss the train. 네가 더 빨리 걷지 않으면 열차를 놓칠 거야.

935. Start at once, (otherwise, or) you will be late. 지금 출발해라, 그렇지 않으면 너는 늦을 거야.
936. It is raining, otherwise we could play soccer. 비가 오고 있다 그렇지 않다면 우리는 축구를 할 수 있을 텐데.
937. Apologize to her right now, or she will leave you. 지금 당장 사과해라, 그렇지 않으면 그녀는 너를 떠날 것이다.
938. It's time you should go to bed. or It't time you went to bed. 잠자러 갈 시간이다.
939. Suppose that I were rich. or Supposing that I were rich. 내가 부자라면!
940. Provided that I dated her. or Providing that I dated her. 내가 그녀와 데이트를 할 수 있다면!
941. Providing that it were to rain. 만약에 비가 온다면.
942. What if the war would happen. 전쟁이 일어난다면.
943. He acts as if he knew everything. 그는 자기가 모든 것을 아는 것처럼 행동한다.
944. He talks as if he had been rich. 그는 자기가 부자였던 것처럼 말한다.
945. I know a girl whose father likes you. 나는 (그 소녀의) 아빠가 너를 좋아하는 그 소녀를 알고 있다.
946. I have a dog of which tail is red. 나는 꼬리가 빨간 개를 가지고 있다.
960. Damyang is the town (which, that) I was born in. 담양은 내가 태어난 읍이다.
961. Damyang is the town in which I was born.
962. Damyang is the town where I was born.
963. Look at her and her dog that are running over there. 저기에 달려가고 있는 그녀와 그녀의 개를 보아라.
964. This is the only man that I can trust. 이 사람은 내가 신뢰할 수 있는 유일한 사람이다.
965. Tell me something that you know about her character. 그녀의 성격에 대해 아는 무언인가를 나에게 말해다오.
966. Who that knows her can't love her? 그녀를 아는 누가 그녀를 사랑하지 않을 수 있겠는가?
967. I have a friend (who, that) are from Japan. 나는 일본 출신인 친구가 있다.
968. I have a friend whose mother is a doctor. 나는 엄마가 의사인 그런 친구가 있다.
969. I called at the bank where my mom works. 나는 엄마가 일하시는 은행을 방문했다.
970. I bought the book (which, that) had been written by him. 나는 그에 의해 쓰여진 책을 가지고 있다.
971. I saw your sister (who, that) is wearing red pants. 나는 빨간 바지를 입고 있는 너의 여동생을 보았다.
972. This is the man (who, whom, that) I talked about yesterday. 이 사람이 내가 어제 말했던 그 남자이다.
973. This park is the place where I met her first. 이 공원은 내가 그녀를 처음 만난 장소이다.
974. This is the village (which, that) I have lived in since 2001. 이것은 내가 2001년 이후로 죽 살아온 마을이다.
975. These are all the fruits that I have. 이것들은 내가 가지고 있는 모든 과일이다.

976. This is the book for which he is looking. 이것은 그가 찾던 책이다.
977. That is the pen (which, that) I wrote the letter with. 저것은 내가 편지를 썼던 펜이다.
978. If it rains tomorrow, I won't go fishing. 내일 비가 오면 낚시를 가지 않을 것이다.
979. Do you know if it will snow this weekend. 이번 주말에 눈이 올는지 아니?
980. I consider Mr. Kim a wonderful teacher. 나는 김 선생님이 훌륭한 선생님이라고 생각한다.
981. Let's buy this wine, shall we? 이 포도주 삽시다.
982. Nothing is more precious than love. 사랑보다 더 귀중한 것은 없다.
983. This is what my father purposed for me. 이것이 나의 아버지가 나를 위해 의도하신 것이다.
984. He told me the reason why you left the school. 그는 나에게 네가 학교를 떠난 이유를 나에게 말해줬다.
985. Music (which, that) was composed by Mozart is so moving. 모차르트에 의해 작곡된 음악은 매우 감동적이다.
986. I don't know what he said. 나는 그가 말한 내용을 모른다.
987. I don,t know that he said. 나는 그가 말을 했다는 사실을 모른다.
988. I will buy you whatever you want. 나는 네가 무엇을 원하든지 다 사주겠다.
989. =I will buy you no matter what you want.
990. No matter where you may go, I will follow you. 네가 어디를 가든지 나는 너를 따라가겠다.
991. =Wherever you may go, I will follow you.
992. He went to Paris, where he stayed for two weeks. 그는 파리로 갔다. 그리고 거기서 2주 동안 머물렀다.
993. Who is the man talking to Mary? 메리에게 말하고 있는 남자가 누구냐?
994. They found the stolen wallet at last. 그들은 드디어 잃어버린 지갑을 찾았다.
995. He is a boring man. 그는 (남을) 지루하게 만드는 사람이다.
996. He is bored. 그는 지루해하고 있다.
997. He sat surrounded by many children. 그는 많은 어린이들에 의해 둘러싸인 채 앉아있다.
998. We had our house painted. 우리는 우리 집을 페인트칠 했다.
999. She heard the baby (cry, crying). 그녀는 아기가 우는 것을 들었다.
1000. As I felt tired, I went to bed early. 나는 피곤함을 느껴서 일찍 자러 갔다.
1001. =Feeling tired, I went to bed early.
1002. If they are taken daily, vitamin pills can improve your health. 매일 섭취한다면 비타민제는 너의 건강을 증진시킬 수 있다.
1003. =Being taken daily, vitamin pills can improve your health.
1004. =Taken daily, vitamin pills can improve your health.
1005. As I didn't know what to say, I remained silent. 무엇을 말해야 할지 몰라서 나는 잠자코 있었다.
1006. =Not knowing what to say, I remained silent.

1007. As I had lost all my money, I went home on foot. 돈을 잃어버려서 나는 걸어서 집에 갔다.
1008. =Having lost all my money, I went home on foot.
1009. Because the lights had gone out, we couldn't see anything. 전기가 나가서 우리는 아무것도 볼 수 없었다.
1010. =The lights having gone out, we couldn't see anything.
1011. As I had not eaten breakfast, I walked slowly. 나는 아침을 먹지 못해서 천천히 걸었다.
1012. =Not having eaten breakfast, I walked slowly.
1013. As it rains, I can't go out. 비가 와서 나는 외출할 수 없다.
1014. =It raining, I can't go out.
1015. I saw the dog (chasing, chase) after hare. 나는 토끼를 쫓고 있는 개를 보았다.
1016. I am sorry that I am late for the class. 나는 수업에 늦어서 미안하다.
1017. =I am sorry for being late for the class.
1018. I am ashamed that he is idle. 나는 그가 게으르다는 사실이 부끄럽다.
1019. =I am ashamed of his being idle.
1020. I am sure that she made a mistake. 나는 그녀가 실수를 했다고 확신한다.
1021. =I am sure of her having made a mistake.
1022. I am sure that she didn't make a mistake. 나는 그녀가 실수를 하지 않았다고 확신한다.
1023. =I am sure of her not having made a mistake.
1024. I am proud that you are diligent. 나는 내가 근면하다는 사실이 자랑스럽다.
1025. I am proud of your being diligent. 나는 너의 근면함을 자랑스럽게 여긴다.
1026. Do you mind my opening the door? 문을 열어도 괜찮겠습니까?
1027. We are sure of his being innocent. 우리는 그의 결백을 확신한다.
1028. I am proud of being strong. 나는 강한 것에 대해 자부심을 느낀다.
1029. I am sorry that I was absent from the meeting. 나는 모임에 불참했던 것을 미안하게 생각한다.
1030. I am sorry for being absent from the meeting. 모임에 못 가서 미안하다.
1031. He is not ashamed of having been ignored by her. 그는 그녀에 의해 무시당했던 것을 창피해하지 않는다.
1032. My timid friend is afraid of talking before girls. 나의 소심한 친구는 소녀들 앞에서 말하는 것을 두려워한다.
1033. There is no reason for her to be angry with me. 그녀가 나에게 화를 낼 이유가 없다.
1034. Are you sure of his coming? 너는 그가 올 거라는 것을 확신하니?
1035. I am sorry for losing your umbrella. 너의 우산을 잃어버려서 미안해.
1036. I am busy writing the report. 나는 보고서를 쓰느라고 바쁘다.
1037. He spent much money travelling around the world. 그는 세상을 여행하느라 많은 돈을 썼다.
1038. I could not help kicking her. 나는 그녀를 차지 않을 수 없었다.
1039. He is used to telling a lie. 그는 거짓말을 하는 데 익숙하다.

1040. You must look for the key. 너는 키를 찾아야만 한다.
    = The key must be looked for by you.

1041. She has sent me some money. 그녀는 나에게 약간의 돈을 보낸 적이 있다.
    = Some money has been sent (to) me by her.

1042. She gave me lots of books. 그녀는 나에게 많은 책을 주었다.
    = Lots of books were given to me by her.
    = I was given lots of books by her.

1043. I was made to wash his car. 나는 그의 차를 닦도록 시킴을 받았다.

1044. He was seen to hit her. 그가 그녀를 치는 것이 목격되었다.

1045. Send the letter = Let the letter be sent. 편지를 보내라.

1046. Don't send the letter. 편지를 보내지 마라.
    = Let the letter not be sent.
    = Don't let the letter be sent

1047. It is said that he is rich. 사람들이 그가 부유하다고 말한다.
    = He is said to be rich.

1048. They say that he was rich.
    = It is said that he was rich.
    = He is said to have been rich.